Martin Liepach

Geschichte

von 1789 bis heute

POCKET TEACHER

Cornelsen
SCRIPTOR

Der Autor

Martin Liepach ist Lehrer an einem hessischen Gymnasium und Autor zahlreicher Fachaufsätze und Beiträge zur Didaktik der Geschichte.

Cornelsen online http://www.cornelsen.de

Gedruckt auf chlorfrei gebleichtem Papier ohne Dioxinbelastung der Gewässer.

Die Deutsche Bibliothek - CIP-Einheitsaufnahme
Geschichte.-Berlin : Cornelsen Scriptor
(Pocket Teacher)
Von 1789 bis heute/Martin Liepach. – 1. Aufl. – 1999
ISBN 3-589-21240-3

Dieses Werk berücksichtigt die Regeln der reformierten Rechtschreibung und Zeichensetzung.

5.	4.	3.	2.	1. ✓	Die letzten Ziffern bezeichnen
03	02	01	2000	99	Zahl und Jahr des Drucks.

Redaktion: Gabriele Teubner-Nicolai, Berlin
Typographie und Herstellung: Julia Walch, Bad Soden
Umschlagentwurf: Vera Bauer, Berlin
Druck und Bindearbeiten: Clausen & Bosse, Leck
Printed in Germany
ISBN 3-589-21240-3
Bestellnummer 212403

Inhalt

Vorwort

Liebe Schülerinnen, liebe Schüler!

Der handliche POCKET TEACHER bringt euch viele Vorteile: Er informiert knapp und genau. Daten, Ereignisse, Begriffe, Personen – alles ist übersichtlich geordnet und leicht verständlich. Ihr könnt die gewünschten Infos am schnellsten über das Stichwortverzeichnis am Ende jedes Bandes finden. – Stichwort vergessen? Dann schaut ihr am besten ins Inhaltsverzeichnis und sucht im entsprechenden Kapitel nach dem Wort.

Im Text eurer POCKET TEACHER findet ihr viele farbige Pfeile wie diesen: ↗ Sie verweisen auf andere Stellen im Buch, wo ihr weitere Informationen zum selben Thema findet.

Der POCKET TEACHER Geschichte Von 1789 bis heute erklärt den wichtigsten Stoff zum Thema Geschichte, den ihr in der Sekundarstufe I braucht.

Außerdem gibt er viele Informationen und Hilfen:

Begriffe: Unter diesem Zeichen findet ihr kurze Definitionen von wichtigen historischen und politischen Begriffen wie z. B. Souveränität, Imperialismus, totaler Krieg.

Biografische Kurzangaben: Geschichte wird auch von Personen gemacht. Die wichtigsten werden unter diesem Zeichen knapp vorgestellt – eingebettet in die Zeit, in der sie gelebt und gehandelt haben.

Beispiele: Schwer verständliche Prozesse werden durch Beispiele anschaulich. So wird der Hass auf die Weimarer Republik im Beispiel der Dolchstoß-Legende greifbar.

Natürlich kann die POCKET-TEACHER-Reihe ausführliche Schulbücher mit Übungen und Beispielen nicht ersetzen. Das soll sie auch nicht. Sie ist eure Merkhilfe-Bibliothek für alle Gelegenheiten, besonders für Hausaufgaben oder für die Vorbereitung auf Tests und Prüfungen.

Französische Revolution

1789 Erklärung der Menschen- und Bürgerrechte	*1792* Ausrufung der Republik	1795 Direktoriumsherrschaft	*1799* Putsch Napoleons

1 Vom Ancien Régime zur Republik

Ancien Régime

Die alte gesellschaftliche Ordnung vor der Revolution wird das Ancien Régime genannt. Die Menschen lebten in einer ständischen Ordnung, die jedem seinen Platz und seine Lebenschance zuteilte. Durch Geburt war man Adliger, Bürger, Bauer oder Standesloser (Knechte, Mägde, Arme) und die Möglichkeit, sich über seinen Stand zu erheben, war gering. Nutznießer dieser Ordnung war der Adel, der von den wichtigsten königlichen Steuern befreit war, während die große Masse der wirtschaftlich Abhängigen die Lasten trug.
Die ***Ständeversammlung***, auch Generalstände genannt, hatte das Recht zur Steuerbewilligung. In ihr besaßen die ersten beiden Stände (Geistlichkeit, Adel) gegenüber dem dritten (Bürger) das Übergewicht, da nicht nach Köpfen, sondern nach Ständen abgestimmt wurde. Jeder Stand hatte eine Stimme. Als 1788 zum ersten Mal seit 1614 wieder die Generalstände in Frankreich vom König einberufen wurden, hatten sich zahlreiche Probleme (u. a. Finanzkrise, Hungersnot) angestaut.

5.5.1789 ***Ludwig XVI.*** eröffnet die Versammlung der Generalstände. 1 200 Abgeordnete treten in Paris zusammen.

17.6.1789 Der dritte Stand erklärt sich zur Nationalversammlung und fordert die beiden anderen Stände auf, sich mit ihm zu vereinigen.

1806	1811/12	1815
Ende des Heiligen Römischen Reiches deutscher Nation	Russland-Feldzug	Verbannung Napoleons

9.7.1789 Die Nationalversammlung ernennt sich zur *verfassunggebenden Nationalversammlung*. Der König zieht um Versailles und Paris Truppen zusammen.

14.7.1789 Die Bevölkerung stürmt die Bastille, das Staatsgefängnis, um sich dort Munition zu verschaffen. Der französische Nationalfeiertag, der jedes Jahr am 14.7. begangen wird, erinnert an den Sturm auf das verhasste Symbol der alten Ordnung.

Beispiel: Die wichtigsten Beschlüsse der Nationalversammlung vom 4.8.1789 über die Aufhebung von Privilegien und feudalen Belastungen:

– Die Leibeigenschaft wird abgeschafft.
– Die Grundherren sind keine Richter mehr.
– Die Zehntabgabe kann gegen Bezahlung aufgehoben werden.
– Alle Geldvorrechte und Steuerbefreiungen werden abgeschafft.
– Alle Bürger werden zu Ämtern in Staat und Heer zugelassen.

26.8.1789 Erklärung der ***Menschen- und Bürgerrechte*** in der Nationalversammlung

Menschen- und Bürgerrechte

Unter Menschenrechten versteht man die Rechte, die jedem Menschen allein aufgrund seiner Menschennatur, unabhängig von seiner Stellung in Staat und Gesellschaft, zustehen. Zu den Menschenrechten gehören ursprünglich das Recht auf Leben und freie Wahl der Lebensform, auf Glaubens- und Meinungsfreiheit, auf Eigentum, persönliche Sicherheit, Gleichheit vor dem Gesetz und das Recht des Widerstands gegen staatliche Unterdrückung. Die Bürgerrechte gewähren das Recht auf politische Mitwirkung.

Beispiel: Frauen in der Revolution
Nach einer Demonstration für Brot und gegen die Weigerung des Adels, Reformen zu unterstützen, zogen am 5. 10. 1789 ca. 6 000 Frauen zum Schloss des Königs nach Versailles, um ihm ihre Forderungen persönlich vorzutragen. Diesem Marsch schloss sich eine große Menge an, die die königliche Familie zwang, am nächsten Tag nach Paris zu ziehen. Mit ihr wurde die Nationalversammlung nach Paris verlegt. Deren Aktivitäten standen fortan unter stärkerer Beobachtung der Bevölkerung.
Für Frauen sah die neue Verfassung von 1791 kein Wahlrecht vor. Die Schriftstellerin und Revolutionärin Olympe des ***Gouges*** veröffentlichte daraufhin ihre berühmte Streitschrift „Erklärung der Rechte der Frau und Bürgerin“. 1793 wurde sie auf der Guillotine hingerichtet, die Frauenklubs wurden aufgelöst und das Versammlungsrecht für Frauen aufgehoben.

Verfassung

Eine ***Verfassung*** beschreibt die Rahmenbedingungen des politischen Zusammenlebens in einem Staat. Sie legt die Verteilung der staatlichen Gewalt fest und regelt die Herrschaftsausübung. Es wird darin bestimmt, wer als Bürger zu gelten hat, wer wählen darf ***(aktives Wahlrecht)*** und wer in die politischen Ämter gewählt werden darf ***(passives Wahlrecht).*** Die erste demokratische Verfassung wurde bereits 1787 in den USA verabschiedet.

Gewaltenteilung

Beispiel: Die Verfassung von 1791
Im September 1791 verabschiedete die Nationalversammlung die erste geschriebene Verfassung. Frankreich wurde somit eine konstitutionelle Monarchie, d.h., die Rechte des Königs wurden durch Gesetze festgelegt und eingeschränkt. Der König besaß weiterhin die ausführende Gewalt ***(Exekutive),*** die Natio-

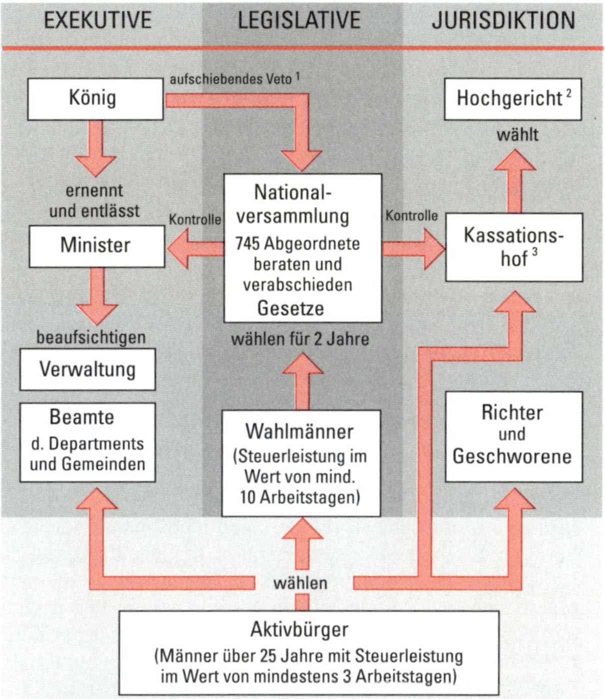

[1] Das aufschiebende Veto des Königs konnte durch eine zweimalige Bestätigung des Gesetzes in der Nationalversammlung in zwei aufeinanderfolgenden Legislaturperioden aufgehoben werden.
[2] für Anklage gegen Minister, hohe Beamte und Staatsverbrecher
[3] Berufungsgericht

Die französische Verfassung von 1791

nalversammlung hatte die gesetzgebende ***(Legislative)*** und die Obersten Gerichtshöfe besaßen die richterliche (Jurisdiktion oder ***Judikative***). Das Prinzip der Aufteilung der Staatsgewalten nennt man ***Gewaltenteilung.*** Die französische Verfassung wurde Vorbild aller bürgerlichen Verfassungen im 19. Jh.

20. 4. 1792 Kriegserklärung Frankreichs an Österreich (↗ Koalitionskriege, S. 12). Die Revolutionäre hoffen auf eine Festigung ihrer Revolution, der französische König auf eine Wiederherstellung der absoluten Monarchie durch die ausländischen Mächte.

Beispiel: Veränderung im Kriegswesen
1792 folgten Hunderttausende Franzosen dem Aufruf der Nationalversammlung und meldeten sich als Freiwillige zur Armee. Das Lied eines Marseiller Freiwilligenverbands wurde zur französischen Nationalhymne (Marseillaise). Im Aug. 1793 wurde in Frankreich die ***allgemeine Wehrpflicht*** (levée en masse) eingeführt. Dies bedeutete eine Umwälzung im Kriegswesen, sodass die französische Armee zahlenmäßig ihren Gegnern überlegen wurde.

10. 8. 1792 Die Pariser Bevölkerung stürmt das königliche Stadtschloss (Tuilerien), Frankreich wird Republik.

Republik
In einer ***Republik*** steht im Unterschied zur Monarchie die Staatsgewalt nicht einer einzelnen Person zu. In einer aristokratischen Republik (z. B. Römische Republik, Florenz um 1450) ist dies eine bevorzugte Minderheit, in der demokratischen Republik das Volk. Mit der Absetzung ***Ludwigs XVI.***, der wegen Zusammenarbeit mit den ausländischen Feinden der Revolution unter Arrest gestellt wird, endet in Frankreich die Monarchie.

Sept. 1792 Ein neues Parlament, der Nationalkonvent, wird gewählt.

2 Radikalisierung der Revolution

Bedeutende politische Gruppen in der Französischen Revolution sind:

Jakobiner

Die wichtigste politische Gruppierung der Französischen Revolution wurde nach dem Versammlungsort, dem Kloster Saint Jacques in Paris, benannt. Dieser im Mai 1789 gegründete Klub war zunächst politisch gemäßigt ausgerichtet, bildete später aber den radikalen Flügel der Revolution. Wichtige Person auf dem äußersten linken Flügel war der Herausgeber der Zeitschrift „Ami du Peuple“, Jean Paul ***Marat.*** Er wurde 1793 ermordet. 1793/94 organisierten die Jakobiner die Diktatur des ↗Wohlfahrtsausschusses (S. 11), der unter der Führung Maximilien ***Robespierres*** stand. Interne Streitigkeiten trugen im Frühjahr 1794 zum Sturz Robespierres und zur Schließung des Klubs bei.

Girondisten
Im Nationalkonvent stand diese Gruppe der Abgeordneten in Opposition zu den Jakobinern, auch wenn sie zusammen den König gestürzt hatten. Sie vertraten das besitzende Bürgertum der Kaufleute und Unternehmer und bestanden auf dem Eigentumsrecht und der Wirtschaftsfreiheit.

Sansculotten
Im Gegensatz zu den Adligen trugen diese Revolutionäre keine Kniehosen (Culotte), sondern eine lange Hose. Sie sprachen sich mit „Bürger“ an und duzten sich. In ihrer revolutionären Leidenschaft forderten sie die vollkommene Gleichheit.

17. 1. 1793	Mit einer Stimme Mehrheit wird im Nationalkonvent das Todesurteil über den König gefällt und vier Tage später vollstreckt.
2. 6. 1793	Ausschluss der Girondisten aus dem Parlament. Die Jakobiner lassen ihre Gegner verhaften und später hinrichten.
Okt. 1793	Der Wohlfahrtsausschuss des Konvents erhält diktatorische Vollmachten.

Wohlfahrtsausschuss

Der ***Wohlfahrtsausschuss*** war die Revolutionsregierung und bildete somit das oberste Exekutivorgan des Nationalkonvents. Er bestand aus neun Mitgliedern des Konvents, die monatlich wechselten, geheim verhandelten und die Aufsicht über die Minister und die Armee hatten. Georges Jacques ***Danton*** war zeitweilig Präsident. Als Gegner der Terrorherrschaft wurde er auf Betreiben Robespierres hingerichtet.

10. 6. 1794 Der Konvent erlässt ein neues Gesetz gegen verdächtige Gegner der Revolution. Die Phase des *Großen Schreckens* beginnt. Allein im Juni und Juli werden 2 554 Menschen hingerichtet.

27. 7. 1794 Sturz Robespierres: Der Führer der radikalen Jakobiner wird selbst ein Opfer des von ihm inszenierten Terrors. Unter dem Beifall der Menge werden er und seine Anhänger guillotiniert.

31. 10. 1795 Erstes Direktorium: Ein fünfköpfiges Gremium bildet die Regierung.

1795–1799 Direktoriumsherrschaft endet mit einem Staatsstreich durch ***Napoleon*** im November 1799.

Die Koalitionskriege

Die Kriege der verbündeten europäischen Monarchien gegen das revolutionäre Frankreich von 1792 bis 1809 werden als ***Koalitionskriege*** bezeichnet.

Erster K.: 1792–1797 Frankreich gegen Österreich und Preußen

Zweiter K.: 1799–1802 Frankreich gegen Österreich, Russland und England

Dritter K.: 1805 Frankreich gegen Österreich, Russland und England

Vierter K.: 1806/07 Frankreich gegen Preußen

Fünfter K.: 1809 Frankreich gegen Österreich

3 Aufstieg und Herrschaft Napoleons

1795 Napoleon schlägt einen monarchistischen Aufstand gegen das revolutionäre Direktorium nieder.

1799 Napoleon stürzt das Direktorium und erklärt die Revolution für beendet.

1804 Napoleon krönt sich zum Kaiser.

1806 Gründung des ↗Rheinbunds, S. 13; Beginn der Kontinentalsperre

1812/13 Krieg Frankreichs gegen Russland

1813/14 Krieg Frankreichs gegen Russland, Preußen, Österreich, England und Schweden

Napoleon Bonaparte, 1769–1821

Napoleon schlug frühzeitig eine militärische Laufbahn ein. Während der Revolution kämpfte er zunächst häufig auf Korsika, seiner Heimat. Innerhalb der Armee machte er schnell Karriere. Mit dem Heer und einem großem Stab von Technikern und Gelehrten landete er 1798 in Alexandria (Ägypten). Nach der Niederlage der französischen Flotte gegen die Engländer kehrte er heimlich nach Frankreich zurück und stürzte das Direktorium. Als Erster von drei Konsuln trat er an die Spitze der neuen Regierung. 1804 krönte er sich zum Kaiser Napoleon I.
England wollte er durch eine Wirtschaftsblockade bezwingen. Um dies zu erreichen, besetzte die französische Armee Portugal, Spanien, Dalmatien, Holland, sowie Nordwestdeutschland ***(Kontinentalsperre).*** 1806 erlitt das fast isolierte Preußen bei Jena und Auerstedt eine vernichtende Niederlage gegen das französische Heer. Der Feldzug gegen Russland (1811/12), um den Zaren zur Einhaltung der Kontinentalsperre zu zwingen, endete in einer militärischen Katastrophe. Bei seinem Rückzug erlitt Napoleon in der Völkerschlacht bei Leipzig (Okt. 1813) seine entscheidende Niederlage. Er wurde zur Abdankung gezwungen und nach Elba verbannt. Von dort kehrte er nochmals für 100 Tage als Herrscher nach Frankreich zurück. Nach der Niederlage bei Waterloo (1815) gegen die Engländer und Preußen wurde er auf die Insel St. Helena verbannt.

Rheinbund

Mit der Gründung des ***Rheinbunds*** 1806 kam das Ende des seit dem Mittelalter bestehenden alten Reiches. Die 16 Rheinbundfürsten erkannten Napoleon als ihren Schutzherrn an und erklärten ihren Austritt aus dem *Heiligen Römischen Reich Deutscher Nation*. Kaiser Franz II. verzichtete daraufhin auf den Titel und die Rechte eines *Kaisers des Heiligen Römischen Reiches Deutscher Nation*. Mit dem Rheinbund beabsichtigte Napoleon die Stärkung der Mittelstaaten als *Drittes Deutschland* und den Aufbau einer Ausgangsbasis für seine Machtpolitik. Innenpolitisch führte die Gründung des Rheinbundes nach dem Vorbild Frankreichs zur Zurückdrängung feudaler Sonderrechte und zu Reformen, ↗Code Napoleon, S. 14.

4 Folgen in Deutschland

Code Napoleon

1804 ließ Napoleon eines neues Gesetzbuch erarbeiten, den Code Civil. Er schuf damit ein einheitliches Recht für alle Franzosen und sicherte ihnen Gleichheit vor dem Gesetz sowie Freiheit der Person und, mit Einschränkungen, freie Verfügung über ihr Eigentum zu. Die Rheinbundfürsten übernahmen die neue Rechtsordnung, die zumeist ***Code Napoleon*** genannt wurde. In Baden galt das Gesetzbuch bis 1900, bis in ganz Deutschland das Bürgerliche Gesetzbuch (BGB) eingeführt wurde.

Neuordnung Deutschlands unter Napoleon

Beispiel: Säkularisation und Mediatisierung

Im sog. ***Reichsdeputationshauptschluss*** des Reichstags von 1803 wurde eine umfangreiche ***Säkularisation,*** d.h. die Übergabe der geistlichen Herrschaftsgebiete an weltliche Fürsten, vorgenommen. 112 Reichsbistümer und Reichsabteien verloren ihre Selbstständigkeit. Ebenso erging es den Reichsstädten sowie 350 Reichsritterschaften. Sie verloren ihre Reichsfreiheit und waren fortan nicht mehr unmittelbar dem Kaiser unterstellt ***(Mediatisierung).*** Der betroffene Regent verlor damit seine eigenständigen Herrschaftsrechte, die Bevölkerung wurde einem größeren Staat einverleibt. Die Regelung war entscheidend unter Napoleons Mitwirkung zustande gekommen und sollte nach dem Frieden von Lunéville (1801) vor allem die süddeutschen Fürsten für ihre linksrheinischen Gebietsabtretungen entschädigen. Den größten Gewinn bei dieser Neuordnung erzielte Preußen, das seine Macht in Norddeutschland verstärkte.

	Verluste (linksrheinisch)	Gewinne (rechtsrheinisch)
Baden	25	237
Bayern	730	880
Preußen	127	558
Württemberg	14	110

Wichtige Gebietsverluste und -entschädigungen im Reichsdeputationshauptschluss (Einwohner in Tausend)

1812 Im Rahmen der ↗preußischen Reformen, S. 15, erfolgt in Preußen die bürgerliche Gleichstellung der Juden.

Judenemanzipation

Der Begriff der ***Judenemanzipation*** bezeichnet die allmähliche Aufhebung der rechtlichen Beschränkungen und der gesellschaftlichen Sonderstellung der Juden. In Frankreich erhielten die Juden 1791 durch die Verfassung die vollen Bürgerrechte. In Preußen wurden 1812 alle Ausnahmegesetze abgeschafft. Akademische Lehr- und Schulämter waren fortan den Juden freigegeben, die Staatsämter blieben ihnen aber weiterhin versperrt. Der Gleichstellungsprozess der Juden wurde von Rückschlägen unterbrochen. Der Ausschluss der Juden vom Richteramt wurde mit der Ablegung des christlichen Eids begründet. Das Bundesgesetz des ↗Norddeutschen Bundes, S. 23, 1869 bedeutet den Abschluss der Emanzipation. Die Bekleidung öffentlicher Ämter wurde vom religiösen Bekenntnis unabhängig gemacht.

Preußische Reformen

Nach der militärischen Niederlage gegen Napoleon (1806) berief der preußische König neue, gebildete Beamte in die Ministerämter: Freiherr ***vom und zum Stein,*** Karl August von ***Hardenberg*** und Wilhelm von ***Humboldt.*** Sie strebten eine grundlegende Erneuerung des Staates an ***(preußische Reformen):***
1807 wurden die Bauern aus der Erbuntertänigkeit entlassen, ab 1811 konnten die Bauern sich aus dem Frondienst freikaufen.
In den Städten wurde das Prinzip der kommunalen Selbstverwaltung eingeführt (1808).
Die Aufhebung des Zunftwesens und die Einführung der Gewerbefreiheit (1810/11) waren wichtige Voraussetzungen für die spätere ↗Industrialisierung, S. 24 ff.
Das Schulwesen wurde neu geordnet und in die drei Stufen Volksschule, Gymnasium, Universität gegliedert.

Verfassungskämpfe und

1815 Gründung des Deutschen Bundes	*1819* Karlsbader Beschlüsse	*1830* Unabhängigkeit Belgiens	*1832* Hambacher Fest

1 Wiener Kongress

Nov. 1814 – Juni 1815 Auf dem ***Wiener Kongress*** verständigen sich die führenden europäischen Staatsmänner über eine territoriale und politische Neuordnung Europas.

Der Deutsche Bund

Als ein Ergebnis der Verhandlungen in Wien wurde ein locker gefügter Staatenbund, der ***Deutsche Bund,*** gegründet. Er setzte sich aus 35 Fürstenstaaten und vier freien Reichsstädten zusammen. Neben den deutschen Fürsten gehörten ihm auch ausländische Herrscher, z.B. der König von Großbritannien als König von Hannover, an. In einer Bundesversammlung trafen sich die Gesandten der Mitgliedsstaaten. Sie tagte als ständiger Kongress in Frankfurt am Main. Bis 1848 wurde es zur Regel, dass sich Österreich und Preußen in allen wichtigen Schritten absprachen. Innenpolitisch wurde der Bund von diesen Mächten dazu genutzt, liberale, demokratische und nationale Ideen zu bekämpfen (↗Karlsbader Beschlüsse, S. 17).

2 Zwischen Restauration und Revolution

Restauration

Der Begriff ***Restauration*** bezeichnet die Wiederherstellung der politischen oder sozialen Zustände einer früheren Epoche nach revolutionären Ereignissen. Zwischen 1815 und 1848 werden unter Führung des österreichischen Kanzlers ***Metternich*** in fast ganz Europa die Folgen der französischen Revolution bekämpft, um die alte Ordnung wiederherzustellen.

Nationalstaatsgründungen

1848/49 Revolutionen in Europa	*1866* Norddeutscher Bund	*1871* Gründung des Deutschen Kaiserreichs

1817 ***Wartburgfest:*** 500 Studenten feiern auf der Wartburg das Andenken der Reformation und der Völkerschlacht bei Leipzig. Forderungen nach der deutschen Einheit werden laut.

1819 ***Karlsbader Beschlüsse:*** Alle Mitgliedsstaaten des Deutschen Bundes verpflichten sich, gegen *Demagogen* und *Revolutionäre* vorzugehen. In der Folge werden studentische Zusammenschlüsse (Burschenschaften) verboten. Die Polizei überwacht die Universitäten, die Presse wird zensiert, unliebsame Professoren verlieren ihr Amt.

Beispiel: Liberale und nationale Bewegungen – Entwicklung des Vereinswesens

Um die Karlsbader Beschlüsse zu umgehen, traf man sich in politisch unverdächtigen Vereinen. Vor allem Turn- und Gesangvereine entwickelten sich bis zur Revolution 1848 zu Massenorganisationen. Durch Treffen, Feste und Zeitungen verbreiteten sich in ihren Reihen nationale und liberale Ideen (↗ Liberalismus, S. 22). In den 40er-Jahren überwogen in den Turnvereinen die Handwerksgesellen, bei den Gesangsvereinen deren Meister.

Juli 1830 Eine Revolution in Paris zwingt Karl X. zum Rücktritt. Nachfolger wird ***Louis Philippe von Orléans,*** den man den Bürgerkönig nennt, weil unter ihm das Großbürgertum in Führungspositionen von Verwaltung und Militär gelangte. Auch in Deutschland hofft man auf mehr Rechte und Freiheiten.

1830/31 In den Fürstentümern Sachsen, Hannover, Braunschweig und Hessen-Kassel werden ↗Verfassungen (S. 8) verkündet.

1832 ***Hambacher Fest:*** Bei einem Treffen von Anhängern der demokratischen und liberalen Bewegung im pfälzischen Hambach erheben Redner die Forderung nach der nationalen Einheit Deutschlands.

1834 Auf einer Konferenz in Wien setzt der österreichische Kanzler Metternich eine Verschärfung der Pressezensur im Deutschen Bund durch.

1837 Sieben Göttinger Professoren ***(Göttinger Sieben)***, darunter die ***Brüder Grimm,*** der Literaturwissenschaftler Gervinus und der Historiker Dahlmann, protestieren dagegen, dass die vom König von Hannover 1830 gewährte Verfassung wieder aufgehoben wird. Sie werden entlassen und z.T. des Landes verwiesen.

3 Revolutionsjahre 1848/49

Beispiel: Revolutionen in Europa
In zahlreichen Ländern Europas herrscht 1848/49 eine revolutionäre Aufbruchsstimmung.

Paris
Im Februar 1848 kommt es erneut zur Revolution in Frankreich. Der König wird vom Thron gejagt. Eine provisorische Regierung wird eingesetzt. Sie ruft die Republik aus und verkündet ein allgemeines Wahlrecht. Diese Februar-Revolution in Frankreich weckt in Deutschland größte Hoffnungen auf die Errichtung eines einheitlichen und parlamentarischen deutschen Nationalstaats.

Wien
Bei einer Demonstration von Studenten und Arbeitern am 13. 3. 1848 in Wien eröffnet das Militär auf die unbewaffnete Menge das Feuer. Die Aufständischen fordern Volksbewaffnung und die Entlassung Metternichs. Aus Furcht, die Soldaten könnten auf die Seite des Volkes übergehen, opfert der Hof den verhassten Kanzler Metternich und verspricht eine Verfassung.

15. 5. 1848 Die revolutionäre Bewegung zwingt die kaiserliche Familie zur Flucht nach Innsbruck.

31. 10. 1848 Fürst Windischgrätz erstürmt das revolutionäre Wien.

Berlin

Die Nachricht vom Sturz Metternichs führt am 18. März zu einer Massenkundgebung vor dem Berliner Schloss, wo ähnliche Forderungen wie bei der Wiener Demonstration erhoben werden. Als das Militär den Platz räumt, kommt es zu einem Straßenkampf, der dreizehn Stunden dauert und bei dem etwa zweihundert Bürger, meist Handwerker, Arbeiter und Studenten, niedergemetzelt werden. Der König ist gezwungen, zeitweise die Truppen aus der Stadt abzuziehen. Unter dem Druck des Volkes muss der König beim Leichenzug den ***Märzgefallenen*** huldigen und sich vor den Toten verneigen.

12. 11. 1848 General von Wrangel verhängt den Belagerungszustand über Berlin. Politische Vereine und Klubs werden geschlossen, die Versammlungs- und Pressefreiheit eingeschränkt und alle Zivilpersonen entwaffnet.

Vorparlament/Nationalversammlung in der Frankfurter Paulskirche

Vom 31. 3. bis 3. 4. 1848 tagt zunächst ein ***Vorparlament*** in der Frankfurter Paulskirche mit 574 Teilnehmern. Die Vertreter sind nicht gewählt, sondern Abgesandte, die einem Aufruf folgten, der am 5. März von 51 Persönlichkeiten des öffentlichen Lebens in Heidelberg unterzeichnet wurde. Darin war eine Versammlung von gewählten Vertretern aller deutschen Länder gefordert worden.

Am 18. 5. 1848 treten erstmalig die Abgeordneten zur Nationalversammlung zusammen. Sie sind nach allgemeinem und gleichem (Männer-)Wahlrecht gewählt, unter Ausschluss derjenigen, die von der Armenfürsorge leben oder keinen eigenen Hausstand besitzen. Die Versammlung der ***Paulskirche*** wird von den Gebildeten dominiert; mehr als drei Viertel der Volksvertreter haben eine Universität besucht. Über die Hälfte der Abgeordneten, mehrheitlich mit juristischer Ausbildung, erhält ihr Gehalt von Staat und Gemeinden. Das gehobene Wirtschaftsbürgertum ist mit etwa 7 % vertreten, etwas stärker als die Großgrundbesitzer und die Geistlichen. Nur drei der Abgeordneten sind Bauern, nur einer ist Handwerker. Das Ziel ihrer Arbeit ist die Beratung und Verabschiedung einer Verfassung für Gesamt-Deutschland.

Beispiel: Grundrechte
Die ***Grundrechte*** des deutschen Volkes wurden als Bestandteil in die Reichsverfassung aufgenommen. Damit waren erstmalig in der deutschen Geschichte die Freiheitsrechte des einzelnen Bürgers formuliert und in der Verfassung verankert worden, wie sie bereits in der amerikanischen Unabhängigkeitserklärung 1776 und der Menschenrechtserklärung der Französischen Revolution 1789 ausgesprochen worden waren: ↗Menschen- und Bürgerrechte, S. 7 f.

28. 3. 1849 Die Nationalversammlung in der Paulskirche beschließt eine Reichsverfassung für einen deutschen Nationalstaat ohne Österreich (↗kleindeutsche Lösung, S. 23). Der König von Preußen soll *Erbkaiser* werden.

28. 4. 1849 König Friedrich Wilhelm IV. von Preußen lehnt die deutsche Kaiserkrone sowie die Anerkennung der Reichsverfassung mit der Begründung ab, die Verfassung sei ein Mittel, um die oberste Gewalt zu beseitigen und die Republik einzuführen. In den folgenden Wochen berufen die wichtigsten Mächte (Österreich, Bayern, Preußen) ihre Abgeordneten ab. Das ***Rumpfparlament*** tagt in Stuttgart weiter.

Mai 1849 Erhebungen für die Reichsverfassung werden im Rheinland, in Baden, in Sachsen und in der Pfalz von preußischen Truppen niedergeworfen. Die Fürsten schränken das Wahlrecht (↗Dreiklassenwahlrecht, S. 39) und andere Grundrechte ein.

18. 6. 1849 Das Stuttgarter Rumpfparlament wird von württembergischen Truppen aufgelöst.

Beispiel: Nationalstaatsgründungen
Der Gedanke eines ***Nationalstaates*** gewann im 19. Jh. in ganz Europa an großer Bedeutung und führte zu Staatsgründungen, die meist gewaltsam gegen die alte Ordnung durchgesetzt werden mussten.

Griechenland
1821 beginnt der griechische Freiheitskampf gegen die Türkenherrschaft. Im Januar 1822 proklamiert der Nationalkongress von Epidaurus die Unabhängigkeit Griechenlands. Aus allen europäischen Ländern melden sich Freiwillige für den griechischen Freiheitskampf. Nach der Unterstützung der europäischen Großmächte für die Griechen erkennt die Türkei 1829 deren Unabhängigkeit an.

Belgien
Die Belgier erklären im November 1830 die Unabhängigkeit ihres Landes vom Vereinigten Königreich der Niederlande. Die europäischen Großmächte garantieren dem neuen Staat im Londoner Protokoll (1831) die Selbstständigkeit.

Italien
Im Revolutionsjahr 1848 versucht König Albert I. von Sardinien-Piemont den Österreichern die Lombardei und Venetien zu entreißen und Italien zu einigen. Dieser Versuch scheitert. Im Einigungskrieg 1859 kommt die Lombardei zu Sardinien. Volksaufstände führen zum Anschluss Mittelitaliens und im Süden des Landes wird unter Führung des Freiheitshelden ***Garibaldi*** das französische Herrscherhaus vertrieben. 1870 besetzen italienische Truppen Rom und machen es zur neuen Hauptstadt.

Polen
Wenig glücklich verläuft der Versuch der Polen, ihre staatliche Einheit und Unabhängigkeit zu erlangen. 1830 wird ein Aufstand von russischen und preußischen Armeen niedergeschlagen. Der Aufstand 1863 endet in einer Katastrophe. Es folgen die Unterdrückung der Unruhen und die Hinrichtung der nationalen Führer.

Liberalismus

Der ***Liberalismus*** ist eine politische Strömung, die seit der Französischen Revolution an Bedeutung gewann. Die Ideen des Liberalismus wurzeln in der Aufklärung. Zu den Forderungen des Liberalismus gehören: Recht auf Privateigentum, Durchsetzung der Grundrechte, Pressefreiheit, Selbstverwaltung, Gewaltenteilung, freie Berufswahl sowie Handels- und Gewerbefreiheit. Der Liberalismus wurde vom Bürgertum getragen. Von der Jahrhundertmitte bis in die 80er-Jahre des 19. Jh.s spricht man von der Blüte des Liberalismus. Während dieser Zeit konnten liberale Parteien in den Parlamenten viele ihrer politischen Prinzipien zur Geltung bringen.

John Locke (1632-1704)
Der englische Aufklärer entwickelte die theoretische Grundlage für den modernen liberal-demokratischen Staat. Der Staatsgewalt wollte er keineswegs mehr unbegrenzte und unbeschränkte Macht zugestehen. Vielmehr sollte sie nur noch so lange im Amt bleiben, wie sie fähig war „Leben, Freiheit und Eigentum“ der Bürger, in denen er natürliche Grundrechte des Volkes sah, zu schützen. Ausgangspunkt des Staates ist bei Locke nicht mehr der Monarch sondern das Volk (Volkssouveränität).

Charles de Montesquieu (1689-1775)
Er ergänzte Lockes Staatslehre um einen wichtigen Aspekt. Er wies auf die Bedeutung der richterlichen Unabhängigkeit hin. Damit formulierte Montesquieu das klassische Modell der ↗Gewaltenteilung (S. 8 f.) und hatte großen Einfluss auf die Herausbildung des modernen Verfassungsstaates.

Adam Smith (1723-1790)
Der Schotte warb für Arbeitsteilung, Freihandel und ungehinderte Entfaltung der Wirtschaftskräfte als die besten Mittel zur Steigerung des Wohlstandes der Völker. Obwohl Smith dabei vor allem an Kleinproduzenten und handwerkliche Betriebe dachte, lieferte er damit die theoretische Begründung für den ↗Kapitalismus, S. 26, und den so genannten Laisser-faire-Liberalismus, der allein auf das freie Spiel der Kräfte setzt.

5 Reichsgründung 1866/71

1864	Preußisch-österreichischer Krieg gegen Dänemark, das Schleswig und Holstein abtreten muss und aus dem Deutschen Bund ausscheidet.
1866	Krieg Preußens gegen Österreich, Hannover, Sachsen und die deutschen Südstaaten. Die Österreicher erleiden bei Königgrätz (Nordböhmen) eine vernichtende Niederlage.

Der Norddeutsche Bund

Unter Führung Preußens mit den Bundesgenossen von 1866, Sachsen und den nördlich des Mains gelegenen Teilen des Großherzogtums Hessen wird 1866 der ***Norddeutsche Bund*** gegründet. Er erhält 1867 eine Verfassung, die 1871 weitgehend als Verfassung des Deutschen Reiches übernommen wird. Sie schreibt die Vormachtstellung Preußens fest. Der Norddeutsche Bund stellt im Prozess der deutschen Einigung eine Zwischenstufe dar.

1870/71	Im Deutsch-Französischen Krieg kämpfen die süddeutschen Staaten nunmehr auf der Seite Preußens. Nach der Niederlage muss Frankreich Elsass und Lothringen an das Deutsche Reich abtreten.
18. 1. 1871	König ***Wilhelm I.*** von Preußen wird im Spiegelsaal des Schlosses von Versailles zum Deutschen Kaiser ausgerufen.

→ Kleindeutsche/großdeutsche Lösung

Das Deutsche Kaiserreich 1871 war ein ***kleindeutscher*** Nationalstaat unter Führung Preußens. Die ***großdeutsche*** Lösung wäre ein deutscher Staat unter Einschluss Österreichs gewesen. Die Vorentscheidung über die Frage eines deutschen Nationalstaats fiel 1866 im österreichisch-preußischen Krieg. Durch seine Niederlage wurde Österreich aus Deutschland herausgedrängt und der Deutsche Bund aufgelöst.

Industrialisierung und

1835
Erste Eisenbahn in Deutschland in Betrieb

1848
Kommunistisches Manifest

1863
Gründung de
Allgemeinen Deutschen Arbeitervereins

1 Anfänge der Industrialisierung

1709 Abraham ***Darby*** erzeugt erstmals hochwertiges Roheisen mit dem Einsatz von Steinkohle im Hochofen.

1764 James ***Hargreaves*** erfindet eine einfach funktionierende Spinnmaschine *(spinning-jenny)*.

1785 Die erste deutsche Dampfmaschine wird im Mansfelder Bergrevier am Rand des Harzes in Betrieb genommen.

1807 Das erste Dampfschiff wird in New York gebaut.

Industrialisierung

Als ***Industrialisierung*** bezeichnet man die historische Entwicklung, in der die industrielle Produktion zunehmend die landwirtschaftliche und handwerkliche verdrängte. Der Industrialisierungsprozess begann am Ende des 18. Jh.s in England und griff Anfang des 19. Jh.s auf Deutschland über. Kennzeichen sind:

- Eine zunehmende Arbeitsteilung und Spezialisierung: Der Arbeitsprozess wird in zahlreiche Schritte unterteilt und von verschiedenen Menschen übernommen.
- Massenproduktion: Es wird in hoher Stückzahl für einen unpersönlichen Markt produziert.
- Rationalisierung: Maschinen verdrängen Menschen von einem Arbeitsplatz. Das Aufkommen der industriellen Produktion schafft zugleich Arbeitsplätze in anderen Bereichen.
- Anwendung neuer Energiequellen: Kohle wird zur universellen Energiequelle; durch die Elektroindustrie wird es möglich, Energie überallhin zu transportieren;
- Entstehen kapitalintensiver neuer Unternehmensformen (zahlreiche Firmengründungen und Aktiengesellschaften).

1883–1889	1892
Sozialgesetze in Deutschland	Erster deutscher Gewerkschaftskongress

Die Industrialisierung bedeutete eine massive Veränderung der Gesellschaft und rief soziale Krisen (↗soziale Frage, S. 27 f.) hervor. Das Ausmaß der Umwälzung ist mit dem Sesshaftwerden des Menschen am Ende der Steinzeit vergleichbar.

Beispiel: Wichtige Erfindungen

Dampfmaschine

1712 entwickelt Thomas ***Newcomen*** eine funktionstüchtige Dampfpumpe. Die erste Newcomen-Dampfmaschine wird sieben Jahre später im belgischen Steinkohlebergbau eingesetzt. 1769 erhält James ***Watt*** ein Patent auf eine Dampfmaschine mit Drehbewegung. Über Riemen können durch die Drehbewegung der Dampfmaschine zahlreiche andere Maschinen angetrieben werden. Die Dampfmaschine erzeugt eine höhere Arbeitsleistung als Wasser- oder Windmühlen, es können mehr Waren hergestellt werden. Zudem lässt sich die Maschine an jedem Ort aufstellen.

Eisenbahn

1815 konstruiert George ***Stephenson*** eine voll funktionsfähige Lokomotive. 1835 fährt die erste deutsche Eisenbahn von Nürnberg nach Fürth. Bis 1848 sind in Deutschland 5 000 km Schienen verlegt. Waren und Rohstoffe können nun schneller und billiger transportiert werden.

Licht

1867 erfindet Werner ***von Siemens*** den Dynamo und schafft damit eine ganz neue Industrie: die Elektroindustrie. 1878 entwickelt Thomas ***Edison*** die Glühlampe. Gaslampen werden durch elektrische Lampen ersetzt.

Kapitalismus

Das Wirtschaftssystem im Zeitalter der Industrialisierung wird als ***Kapitalismus*** bezeichnet. Damit ist gemeint, dass die Beziehungen der Menschen, Organisationen und Institutionen wesentlich von den Interessen derjenigen bestimmt werden, die über das Kapital verfügen: Dies umfasst dabei sowohl das frei verfügbare Vermögen als auch das in Grundstücken, Gebäuden, Maschinen, Werkzeugen und anderen Betriebsmitteln investierte Kapital.

1834	18 Bundesstaaten schließen sich zum ***Deutschen Zollverein*** zusammen und schaffen ein einheitliches Zollgebiet.
1848	Die erste deutsche Aktienbank wird in Schaffhausen gegründet.
1852–1875	Die Zahl der Maschinenfabriken in Preußen steigt von 180 auf 1 196.

Faktoren, die die Industrialisierung in Deutschland begünstigten:

- Rapide Zunahme der Bevölkerung seit den 80er-Jahren des 18. Jh.s (Bevölkerungsexplosion) → steigende Nachfrage nach landwirtschaftlichen und gewerblichen Produkten
- Preußische Reformen: → Abschaffung der Gewerbebeschränkungen
- Deutscher Zollverein 1834: → Erweiterung des Wirtschaftsgebiets und Abbau der Zollschranken
- Liberalisierung der Wirtschaftspolitik → Beseitigung staatlicher Hemmnisse
- Veränderungen in den Produktionstechniken → Erhöhung der Produktivität

2 Lage der Arbeiter

1816–1864	In Deutschland nimmt die Bevölkerung, wie überall in Europa, um mehr als 15 Mio. (= Zuwachs um fast 2/3) zu. Zu den Ursachen gehören u. a. neue Erkenntnisse in der Medizin, Verbesserungen in der landwirtschaftlichen Bearbeitung, Aufhebungen von Heiratsbeschränkungen.

1845–1847 Infolge von Missernten kommt es zu Hungersnöten, die örtlich zu sozialen Unruhen führen.

1853 Das preußische Fabrikgesetz verbietet Kinderarbeit unter 12 Jahren.

1846–1855 Über 1 Mio. Deutsche wandern vor allem nach Nordamerika aus ***(Migration)***. Von 1820 bis 1913 verlassen fast 6 Mio. Menschen Deutschland.

„Soziale Frage"

Durch die Industrialisierung ergaben sich zahlreiche Veränderungen in der jahrhundertealten Lebensweise der Bevölkerung. Die vielfältigen Probleme (Wohnungssituation, Ernährungslage, Arbeitsbedingungen, Frauen- und Kinderarbeit, Massenelend der Arbeiter) und die konkreten Überlegungen zu Lösungsansätzen werden unter dem Begriff ***soziale Frage*** zusammengefasst.

Beispiel: Kinderarbeit

Kinder mussten sehr häufig zur Sicherung der Existenz der Familien beitragen. Sie verrichteten in den Fabriken gegen Hungerlöhne Handlangerdienste, arbeiteten an Maschinen oder unter unmenschlichen Bedingungen in den Bergwerken. Die Stollen waren oft sehr niedrig und die Kinder konnten darin nur kriechend arbeiten.

Erst als sich die Meldungen über Unglücksfälle und körperliche Schädigungen von Kindern und Jugendlichen häuften, griff der Staat ein. Seit 1839 durften in Preußen Kinder unter 10 Jahren nicht mehr in einer Fabrik arbeiten. Erst 1891 wurde die Altersgrenze auf das 14. Lebensjahr angehoben. Heute sind weltweit 200 Mio. Kinder von ***Kinderarbeit*** betroffen, fast dreimal so viele wie 1891.

Jahr	Landwirtschaft	Industrie u. Gewerbe	Dienstleistungen
1800	61,8	21,3	16,9
1907	34,0	40,0	26,0
1995	3,0	37,0	60,0

Anteile der Beschäftigten in Deutschland (in %)

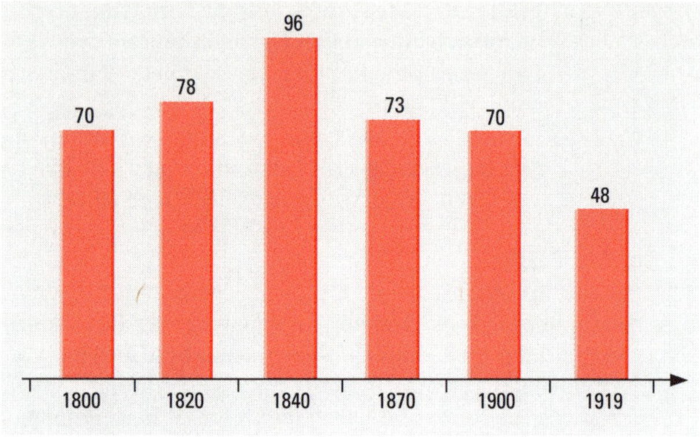

Durchschnittliche Wochenarbeitszeit von Arbeitern in Deutschland

Beispiel: Arbeiterprotest – Der ***Weberaufstand*** in Schlesien
Die Lage der schlesischen Weber hatte sich seit etlichen Jahren stetig verschlechtert. Die Produktion von Leinwand und Baumwolltuch war nach dem Verlagssystem organisiert. Die Unternehmer lieferten den Webern die Garne und waren wiederum die alleinigen Abnehmer des Tuches. Dies machte die Weber von den Fabrikanten vollkommen abhängig. 1844 betrugen die Wochenlöhne der schlesischen Weber durchschnittlich zwanzig Silbergroschen. Dies entspricht einem Viertel des Wochenlohns vor 1830. Um das bloße Existenzminimum zu erwirtschaften, mussten die Weber bis zu sechzehn Stunden pro Tag arbeiten, ihre Frauen und Kinder eingeschlossen. Im Juni 1844 setzten sie sich gegen diese Notlage zur Wehr. Ihr Aufstand wurde vom preußischen Militär niedergeschlagen.

3 Anfänge der Arbeiterbewegung

1847	In London entsteht der Bund der Kommunisten.
Feb. 1848	Karl ***Marx*** und Friedrich ***Engels*** veröffentlichen das „Kommunistische Manifest“. Es enthält die Aufforderung „Proletarier aller Länder, vereinigt euch!“

Karl Marx, 1818–1883

Marx wurde in Trier geboren und studierte zunächst in Bonn Jura. Nach einem Zwischenspiel als Redakteur einer linksliberalen Zeitung gelangte er nach Paris. Als Mitarbeiter einer Emigrantenzeitung freundete er sich mit Friedrich Engels an und lernte fast alle führenden Revolutionäre seiner Zeit kennen. 1845 aus Frankreich ausgewiesen, zog er nach Brüssel. Zusammen mit Engels wurde er 1847 vom ***Bund der Kommunisten*** beauftragt, eine Programmschrift zu verfassen. Im folgenden Jahr erschien das „Kommunistische Manifest". Nach dem Ausbruch der Revolution von 1848 reiste er nach Deutschland, gab in Köln eine Zeitung heraus und unterstützte die Linke bei ihrem Kampf um ein demokratisches Deutschland. Im Mai 1849 aus Preußen ausgewiesen, fuhr er nach Paris zurück, erhielt jedoch ein Aufenthaltsverbot und übersiedelte nach London, das bis zu seinem Tod dauernder Wohnsitz werden sollte. 1867 erschien der erste Band seines systematischen Hauptwerkes, das „Kapital". In seinen politischen Aktivitäten blieb Marx der Erfolg versagt, als Theoretiker nahm er jedoch nachhaltigen Einfluss auf die Arbeiterbewegung in der ganzen Welt.

Sozialismus

Die Lehre des ***Sozialismus*** verbreitete sich seit Beginn des 19. Jh.s mit der Durchsetzung der industriellen Produktionsweise und der immer dringlicher werdenden Lösung der *sozialen Frage*. Der Sozialismus klagt die jeweils bestehende Ordnung an, die Armut, Unrecht, Abhängigkeit und Unterdrückung zulässt. Im Sozialismus sollen die Gewinne nicht den privaten Unternehmern und Kapitalbesitzern zufließen, sondern der ganzen Gesellschaft. Der Arbeiterklasse wurde im Kampf um die Verwirklichung des Sozialismus in der von Karl Marx entwickelten Lehre die führende Rolle zugewiesen. Am Ende des Kampfes sollte eines Tages die klassenlose Gesellschaft erreicht werden. Diese Gesellschaftsordnung nannten Marx und Engels ***Kommunismus.***

Aug./Sept. 1848	Auf dem Allgemeinen Deutschen Arbeiter-Kongress in Berlin wird die ***Arbeiterverbrüderung*** gegründet.

1854 Ein Beschluss des Bundestages verpflichtet die Regierungen des Deutschen Bundes, die noch bestehenden Arbeitervereine und Verbrüderungen, die sozialistische, kommunistische, überhaupt politische Ziele verfolgen, aufzulösen.

1863 Gründung des ***Allgemeinen Deutschen Arbeitervereins (ADAV)*** in Leipzig (↗Aufstieg der Sozialdemokratie, S. 35 f.).

1864 Gründung der Internationalen Arbeiter-Assoziation ***(Erste Internationale)*** während einer Arbeiterversammlung in London

4 Gewerkschaften, Kirchen und Unternehmer zur sozialen Frage

1859 Gründung des liberalen *Deutschen Nationalvereins* in Frankfurt am Main, auf dessen Initiative bald zahlreiche Arbeiterbildungsvereine ins Leben gerufen werden

1865 Gründung des *Allgemeinen Deutschen Zigarrenarbeitervereins*

1866 Gründung des *Deutschen Buchdruckerverbandes*

Beispiel: Streikrecht
Streiks waren in den vierziger und fünfziger Jahren in allen deutschen Staaten verboten und wurden mit Gefängnisstrafe geahndet. Mitte der 60er-Jahre begann eine Streikwelle, die zwischen 1869 und 1873 ihren Höhepunkt erreichte. 1869 mussten im Norddeutschen Bund die staatlichen Behörden offiziell das Streikverbot aufheben und Gewerkschaften zulassen. 1873 gelang es den Buchdruckern, den ersten Tarifvertrag u. a. über die Einführung des Zehnstundentags abzuschließen.

1878 Verbot der Gewerkschaftsorganisationen ↗Sozialistengesetz, S. 33

1889 Großer Bergarbeiterstreik mit mehr als 80 000 Streikenden im Ruhrgebiet, im Saarland und in Schlesien

1890	Die sozialistischen Gewerkschaften schließen sich zusammen.
1892	Erster deutscher Gewerkschaftskongress
1894	Gründung des *Gewerkvereins christlicher Bergarbeiter,* der ersten christlichen Gewerkschaft in Deutschland

Die Kirchen und die soziale Frage

Beispiel: Adolf Kolping

Erst recht spät reagierten die beiden großen christlichen Kirchen auf das Elend der Arbeiter. 1884 empfahl Papst Leo XIII. die Gründung katholischer Arbeitervereine. 1891 ging er in einem Rundschreiben (Enzyklika) auf die soziale Frage ein.
Zu den wenigen Personen aus kirchlichen Kreisen, die frühzeitig das Elend der Arbeiter zur Kenntnis nahmen, gehörte Adolf ***Kolping.*** Zunächst Schuhmacher, wurde er später Priester und gründete 1846 den *Katholischen Gesellenverein.* Er kämpfte dafür, dass in Städten für alleinstehende Arbeiter eigene Aufenthalts- und Wohnheime eingerichtet wurden. Bis 1865 entstanden in ganz Deutschland 420 Vereine mit rund 60 000 Mitgliedern.

Unternehmer und die soziale Frage

Beispiel: Alfred Krupp

Alfred ***Krupp*** war bedeutender Stahlfabrikant und verdiente viel Geld in der Rüstungsindustrie. Er ließ Arbeiterwohnheime in Fabriknähe bauen, Pensions- und Betriebskrankenkassen einrichten und zahlte vergleichsweise höhere Löhne. Er ließ aber nie einen Zweifel, dass er Herr im Hause sei. Von seinen Arbeitern erwartete er, dass sie sich nicht an Unruhen beteiligten, sondern für Ruhe und Ordnung sorgten. 1874 gab er die Anweisung, unter seinen Beschäftigten die Sozialdemokraten „auszurotten“, und 1876 verfügte er bei Entlassungen, zuerst die Sozialdemokraten „aus(zu)jäten“. Insgesamt zahlten die meisten Fabrikanten freiwillig nicht mehr Lohn und boten keine besseren Arbeitsbedingungen, als es Marktlage und Gesetze erforderten.

Deutsches Kaiserreich

1871 Beginn des Kulturkampfes	*1878* Sozialistengesetz	*1890* Entlassung Bismarcks

1 Bismarcks Innenpolitik

Otto von Bismarck, 1815–1898

Als preußischer Ministerpräsident (1862–1890), als Kanzler des Norddeutschen Bundes (1867–1871) und vor allem als deutscher Reichskanzler (1871–1890) war ***Bismarck*** lange Jahre hindurch die bestimmende Persönlichkeit in der deutschen Politik. Er stammte aus dem ostelbischen Kleinadel (Junker) und studierte zunächst Jura in Göttingen und Berlin. Der Revolution von 1848/49 stand er ablehnend gegenüber und wurde zum führenden Mitglied der konservativen Partei. Diplomatische Erfahrungen sammelte er als preußischer Gesandter beim Bundestag in Frankfurt (1851), in St. Petersburg (1859) und in Paris (1862). 1862 wurde er von Wilhelm I. zum preußischen Ministerpräsidenten berufen. In drei ***Reichseinigungskriegen*** trieb er die ↗Reichsgründung (S. 23) des Deutschen Kaiserreichs voran. Obwohl erbitterter Gegner liberaler Ideen arbeitete er zeitweise mit gemäßigten Liberalen zusammen, wenn es ihm taktisch angemessen schien. Nach 1878 trug seine Innenpolitik immer konservativere Züge. Im Gegensatz zu seiner maßvollen Außenpolitik nach der Reichsgründung standen in der Innenpolitik die Unterdrückung der Arbeiterbewegung und der ↗Kulturkampf, S. 33. 1890 kam es zu seiner Entlassung durch den jungen Kaiser ***Wilhelm II.***, der eine andere Politik (↗„Neuer Kurs“, S. 37 f.) durchsetzen wollte.

1871–1878 Zusammenarbeit Bismarcks mit den Liberalen im Reichstag
1873/74 Wirtschaftskrise in Deutschland

1878 ***Sozialistengesetz:*** Verbot sozialistischer Vereine, Versammlungen und Druckschriften, Ausweisung von sozialdemokratischen Führern

1883–1889 Sozialgesetze Bismarcks

Kulturkampf

Zwischen 1871 und 1878 setzte Bismarck im Reichstag eine Reihe von Gesetzen durch, die sich gegen die katholische Kirche in Deutschland richteten. So durften beispielsweise Pfarrer fortan keine politischen Aussagen im Amt mehr machen, der Kirche wurde die geistliche Aufsicht über die Schulen entzogen und die Zivilehe wurde 1875 als allein gültige Ehe eingeführt. Hinter dieser Politik stand die Vorstellung Bismarcks, daß die katholische Minderheit (ca. 37 %) eine Bedrohung für die innere Einheit des jungen Staates sei. Jedoch führte der ***Kulturkampf*** zu einem stärkeren Zusammenschluss der katholischen Bevölkerung mit ihrer Geistlichkeit. Als deutlich wurde, dass seine Maßnahmen fehlschlugen, gab Bismarck den Kulturkampf auf.

Sozialgesetze

Beispiel: Krankenversicherung

1883 regelte erstmalig ein Gesetz die Krankenversicherung der Arbeiter. Die Beiträge wurden von Arbeitgebern und -nehmern gemeinsam aufgebracht und in eine gemeinsame Kasse (Krankenkasse) eingezahlt. Die Leistungen bestanden in freier ärztlicher Behandlung und einem Krankengeld, das vom 3. Tage an bis zu höchstens 13 Wochen gezahlt wurde. Es folgten Gesetze über eine Unfall- (1884), Alters- und Invalidenversicherung

(1889). Mit diesen ***Sozialgesetzen*** hoffte Bismarck die Arbeiter für sich zu gewinnen und sie den Sozialdemokraten, die er mit dem ↗Sozialistengesetz (S. 33) bekämpfte, entziehen zu können. Für lange Zeit war die Sozialgesetzgebung in Deutschland für andere Staaten Vorbild.

2 Bismarcks Außenpolitik

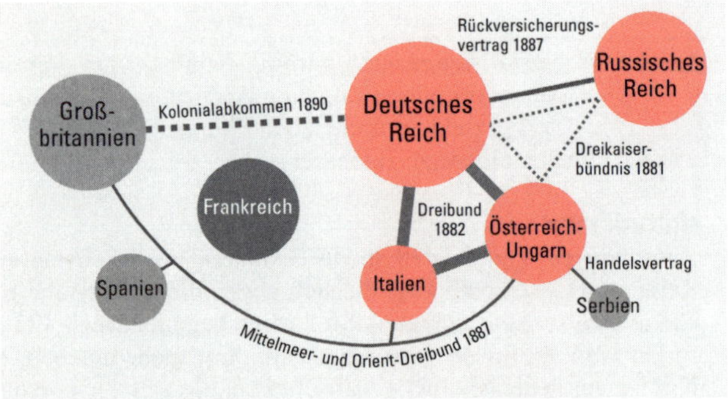

Das Bündnissystem zur Zeit Bismarcks

1879	Zweibund: Geheimes Verteidigungsbündnis zwischen Deutschland und Österreich-Ungarn (bis 1918 in Kraft)
1881	Dreikaiserbündnis zwischen Russland, Österreich-Ungarn und Deutschland: Neutralitätsabkommen, Abstimmung der Interessen auf dem Balkan
1882	Geheimer Dreibundvertrag: Verteidigungsbündnis zwischen Deutschland, Österreich-Ungarn und Italien
1887	***Rückversicherungsvertrag*** mit Russland: Neutralitätsvertrag für den Fall eines französischen Angriffs gegen das Deutsche Reich bzw. eines österreichischen Angriffs gegen Russland (Vertragsdauer: 3 Jahre).

3 Aufstieg der Sozialdemokratie

1863 Gründung des Allgemeinen Deutschen Arbeitervereins (ADAV) in Leipzig durch Ferdinand ***Lasalle***

1869 Gründung der Sozialdemokratischen Arbeiterpartei (SDAP) in Eisenach durch August ***Bebel*** und Wilhelm ***Liebknecht***

1875 Zusammenschluss von ADAV und SDAP in Gotha zur Sozialistischen Arbeiterpartei (SAP)

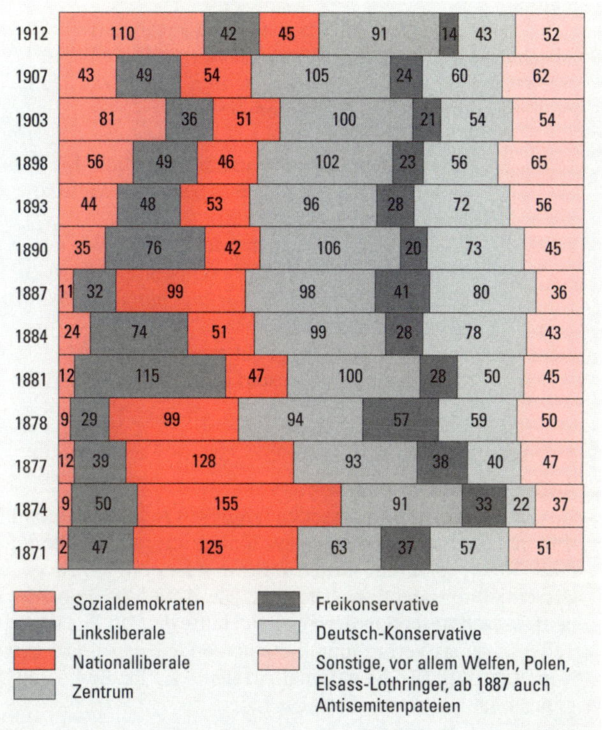

Die Sitzverteilung der Parteien im Deutschen Reichstag, 1871–1912

Beispiel: Wichtige Forderungen der Arbeiterbewegung ***(Eisenacher Programm)***

- Allgemeines, gleiches, geheimes, direktes Wahlrecht für alle Deutschen ab dem 20. Lebensjahr
- Direkte Gesetzgebung durch das Volk
- Entscheidung über Krieg und Frieden durch das Volk
- Errichtung eines Volksheeres
- Allgemeine, kostenlose Schulpflicht
- Reduzierung der Frauenarbeit und Verbot der Beschäftigung von Kindern
- Einführung eines Normalarbeitstages (10 Stunden)
- Abschaffung der einschränkenden Gesetze für die Presse-, Vereinsfreiheit, Recht auf Absprachen zum Zweck der Durchsetzung von Forderungen (Koalitionsfreiheit)

1875	Verbot der SAP in Preußen auf Grund des Verbindungsverbotes des Vereinsgesetzes von 1850
1878–1890	Sozialistengesetz in Kraft
1890	Der erste legale Parteitag der Sozialdemokratie nach dem Sozialistengesetz beschließt einen neuen Namen für die Partei: ***Sozialdemokratische Partei Deutschlands (SPD).***
1912	Bei der Reichstagswahl erhält die SPD 34,8 % der Stimmen und wird stärkste Fraktion (s. S. 35).

4 Aufkommen von Nationalismus und Antisemitismus

Antisemitismus

Im Gegensatz zur traditionellen religiösen Judenfeindschaft beruft sich der ***Antisemitismus*** auf biologisch-rassistische Vorurteile. Juden seien auf Grund ihrer minderwertigen Rasse von ausschließlich negativem Einfluss. Diese *moderne* Form der Judenfeindschaft fand in der zweiten Hälfte des 19. Jh.s in weiten Teilen Europas Verbreitung. Letztlich bildete dieses Denken die Voraussetzung für die nationalsozialistische Ideologie und den grausamen Völkermord an den Juden.
Neu an der Ausprägung des Antisemitismus war auch, dass er sich in politischen Parteien konkretisierte.

1878	Gründung der Christlich-sozialen Arbeiterpartei durch den antisemitischen Geistlichen ***Adolf Stoecker.*** Ein Jahr später wird er in das preußische Abgeordentenhaus und 1881 in den Reichstag gewählt.
1878	***Wilhelm Marr*** gründet in Berlin die *Antisemiten-Liga.*
1879/80	Berliner Antisemitismusstreit: In der Auseinandersetzung zwischen den beiden angesehenen Historikern Treitschke und Mommsen äußert Treitschke: „Die Juden sind unser Unglück."
1889	Gründung der antisemitischen Deutschsozialen Partei auf dem Bochumer Antisemitentag
1893	16 antisemitische Abgeordnete ziehen in den Reichstag ein.
1898	Der Schriftsteller Emile Zola schreibt den offenen Brief „J'accuse". Er stellt sich darin an die Seite des wegen Landesverrats verurteilten Hauptmann Dreyfus. Dreyfus war Jude; Hintergrund des Prozesses waren antisemitische Strömungen. 1906 wurde Dreyfus rehabilitiert.

Beispiel: Nationalismus

Der Alldeutsche Verband wollte Deutschland zu Weltgeltung verhelfen. Deutschlands Name sollte in aller Welt angesehen sein. Zu diesem Zweck forderte der Verband den raschen Ausbau der deutschen Flotte. Ein weiterer Schwerpunkt der alldeutschen Politik war der aggressive Kampf um ein großes Kolonialreich. Die ***nationalistischen*** Forderungen wurden mit antisemitischer Hetze verbunden. Der Verein, 1890 gegründet, verfügte über einflussreiche Verbindungen zur Regierung und zu den engsten Beratern des Kaisers.

5 „Neuer Kurs"

1888	*Dreikaiserjahr:* Nach dem Tod Wilhelms I. besteigt sein schwerkranker Sohn als Kaiser Friedrich III. den Thron. Er stirbt schon nach drei Monaten. Ihm folgt sein Sohn Kaiser Wilhelm II.

„Der neue Kurs"

Hinter der Bezeichnung ***Neuer Kurs*** verbirgt sich die Abkehr von der Politik Bismarcks nach dessen Entlassung 1890 durch Kaiser Wilhelm II. In der Außenpolitik wurde auf das komplizierte ↗Bismarck'sche Bündnissystem (S. 34) verzichtet. Der Rückversicherungsvertrag mit Russland wurde 1890 nicht erneuert. Als Gegenreaktion erfolgte ein russisch-französisches Militärbündnis (1892). Diese katastrophale Politik führte zu einer wachsenden Isolierung Deutschlands in Europa und zu verschärften Konfrontationen mit den meisten anderen europäischen Mächten.

1890	Der Rückversicherungsvertrag mit Russland wird nicht erneuert.
1897	Der Staatssekretär im Auswärtigen Amt und spätere Reichskanzler, ***von Bülow,*** fordert für Deutschland einen *Platz an der Sonne* (↗Imperialismus, S. 40).
1898	Erstes Flottengesetz wird vom Reichstag angenommen: Langfristiger Ausbau der Kriegsflotte geplant – Konfrontation mit Großbritannien (↗Wettrüsten, S. 45).

6 Staat und Gesellschaft

Beispiel: Frauenvereine

1894 wurde nach amerikanischem Vorbild der bürgerliche Bund Deutscher Frauenvereine gegründet. 20 Jahre später zählte er bereits 46 Mitgliedsvereine mit mehr als 500 000 Frauen. Zudem engagierten sich zehntausende Frauen in der sozialdemokratischen ***Frauenbewegung.***

Zu den zentralen Anliegen der Frauenbewegung gehörten die Forderung nach qualifizierten Berufspositionen und die Erlangung des Wahlrechts. Studierende, die zur Ablegung eines Examens berechtigt waren, konnten Frauen erst ab 1900, in Preußen gar erst ab 1908, werden. Das allgemeine Frauenwahlrecht wurde erst nach dem Ersten Weltkrieg eingeführt.

1895 Erste Filmvorführung im Berliner »Wintergarten“

1903 Gründung des „Deutschen Museums von Meisterwerken der Naturwissenschaft und Technik“ in München

1905 Albert Einstein legt seine Relativitätstheorie vor. Robert Koch erhält den Medizin-Nobelpreis für seine Tuberkuloseforschung.

Dreiklassenwahlrecht

Das Dreiklassenwahlrecht galt für die Wahl zum Preußischen Landtag. Die Wählerschaft wurde nach ihrem Steueraufkommen in drei Klassen eingeteilt. Im Jahr 1893 gehörten 4 % der Wähler zur ersten, 14 % zur zweiten und 82 % zur dritten Gruppe. Das Wahlrecht bevorzugte den zahlenmäßig geringeren, besitzenden Teil der Bevölkerung, während es die ärmere Masse der Bevölkerung politisch benachteiligte. 1903 erhielt die SPD 19 % der Stimmen, jedoch kein einziges Mandat!

Beispiel: Militär

Militärische Wertvorstellungen nahmen im wilhelminischen Kaiserreich einen sehr hohen Stellenwert ein. Sie bestimmten Entscheidungen in der Außen- und Innenpolitik. So wurden viele finanzielle Mittel für das ↗Wettrüsten (S. 45) ausgegeben. Für die berufliche Karriere im Staatsdienst wurde es wichtig, *gedient* zu haben. Lehrer bezogen ihr Selbstbewusstsein aus ihrem Status als Reserveoffizier und übertrugen die Normen, die sie in der Armee kennen gelernt hatten, auf die Schule. Der Kaiser forderte, Gymnasiasten nicht im Sinne einer humanistischen Bildung, sondern zu nationalen jungen Deutschen zu erziehen.

Imperialismus und Erste

1874 Beginn der imperialistischen Politik Englands	*1884* Beginn der deutschen Kolonialpolitik

1 Europa und die Welt

Imperialismus

Unter ***Imperialismus*** versteht man den Zeitraum zwischen 1880 und dem Ersten Weltkrieg, als die europäischen Großmächte sowie Japan und die USA in Konkurrenz zueinander vor allem in Afrika und Asien neue Kolonialreiche gründeten. Dabei ging es darum, die eigene Stellung als Großmacht zu festigen und weiter auszubauen und neue Rohstoffquellen und Absatzmärkte zu erschließen. Diese Politik ging mit dem Bewusstsein der kulturellen Überlegenheit gegenüber den kolonialisierten Ländern einher.

1875	England erwirbt die Aktienmehrheit des sechs Jahre zuvor eingeweihten Suez-Kanals und kontrolliert damit den Seeweg nach Indien.
1881	Tunesien wird französische Kolonie.
1882	Die Engländer besetzen Ägypten.
1884	Kongo-Konferenz in Berlin: Vertreter von 14 europäischen Ländern und den USA beschließen Richtlinien zur Aneignung von Kolonien. Der Wettlauf um Afrika beginnt.
1898	England erobert den Sudan ***(Faschoda-Krise).*** Britische Soldaten zwingen Frankreich zur Aufgabe des Handels- und Militärposten Faschoda.
1900	Die europäischen Großmächte werfen in China den Aufstand des *Boxer*-Geheimbundes nieder. Dieser richtete sich gegen den europäischen Einfluss in China.

1900 Boxer-Aufstand	*1905/06* 1. Marokkokrise	*1914* Beginn des Ersten Weltkriegs	*1917* Kriegseintritt der USA; Revolution in Russland

1899–1902 Buren-Krieg in Südafrika. England strebt nach einem geschlossenen Kolonialgebiet im südlichen Afrika und schickt Truppen nach Südafrika. 1902 werden die Burenrepubliken britische Kolonien.

Panslawismus

Panslawismus ist die Bezeichnung für das Bestreben nach kulturellem und politischem Zusammenschluss aller slawischer Völker. 1848 fand in Prag der 1. Slawenkongress statt. Russland setzte sich an die Spitze der panslawistischen Bewegung und nutzte sie als Mittel zur Zersetzung des türkischen Reiches und des ↗Vielvölkerstaates (S. 45) Österreich-Ungarn sowie zur Erweiterung des eigenen Einflussbereiches.

2 Kolonialpolitik

1882 Gründung des deutschen Kolonialvereins

1884 Die *Gesellschaft für deutsche Kolonisation* in Berlin beginnt mit dem Abschluss privater Verträge mit afrikanischen Einheimischen.

1884 Bismarck mahnt zur Vorsicht und Zurückhaltung des Staates; Ankündigung der Unterstützung erfolgreicher privater Initiativen.

1884/85 Beginn der deutschen Kolonialpolitik: Gründung deutscher *Schutzgebiete* in Südwestafrika, Kamerun, Togo und Ostafrika sowie in der Südsee: Neuguinea *(Kaiser-Wilhelm-Land), die* umliegenden Inseln *(Bismarck-Archipel)* und die *Marshallinseln*.

1897/98 Besetzung Kiautschous durch deutsche Truppen: China muss in einem Pachtvertrag dieses Gebiet auf 99 Jahre an Deutschland abtreten.

1904–1907 Aufstand der Herero und Nama (Hottentotten) in Deutsch-Südwestafrika (heute: Namibia). Der Aufstand endet in einem Völkermord: 75–80 % der Herero und 35–50 % der Nama werden getötet.

Kolonialismus

Die Errichtung von Handelsstützpunkten und Siedlungen seit dem Ende des 15. Jh.s bezeichnet man als ***Kolonialismus.*** Als Höhepunkt des Kolonialismus gilt das Zeitalter des ↗Imperialismus, S. 40. In einem „Wettlauf" konkurrierten die europäischen Mächte vor allem um die Aufteilung Afrikas. Ohne Rücksicht auf kulturelle Gegebenheiten der afrikanischen Völker zogen die Kolonialmächte die Grenzen, zerstörten gewachsene Wirtschaftsstrukturen, beuteten die Rohstoffvorkommen aus und nutzten die eroberten Länder zudem als Absatzmärkte für ihre Produkte. Zu der wirtschaftlichen Ausbeutung gesellte sich religiöser und humanistischer Missionseifer. Die Zerstörung der Identität der außereuropäischen Völker wurde als Sieg über das Barbarentum empfunden.

Mahatma Gandhi, 1869-1948

Die herausragende Bedeutung Gandhis liegt neben seiner Rolle als indischer Freiheitskämpfer in der Wahl seiner Methoden: passiver Widerstand, ziviler Ungehorsam, Gewaltlosigkeit. Gandhi studierte Rechtswissenschaften in London, praktizierte 10 Jahre als Anwalt der indischen Minderheit in Südafrika und begann 1915 nach seiner Rückkehr nach Indien seine Politik des gewaltlosen Widerstands gegen die britische Kolonialherrschaft. Gandhi und seine Anhänger kauften keine britischen Waren mehr, legten die Ämter nieder, die sie von den Engländern erhalten hatten und weigerten sich Steuern zu zahlen. Die Engländer sollten somit zum Rückzug aus Indien gezwungen werden.

Nach einer Übergangszeit erhielt Indien 1947 die volle Unabhängigkeit. Erfolglos stemmte Gandhi sich jedoch gegen die Teilung des Subkontinents in Indien und Pakistan. In den Kämpfen zwischen Hindus und Moslems wurde Gandhi selbst ein Opfer der Gewalt.

Entkolonialisierung

Nach dem Zweiten Weltkrieg setzte der Prozess der Entkolonialisierung ein. Zahlreiche Kolonialstaaten wurden unabhängig. Die ↗UNO, S. 82 f., beschloss im Dezember 1960 die so genannte „Entkolonialisierungsresolution". Die Vollversammlung sprach von der „Notwendigkeit, den Kolonialismus in allen Erscheinungsformen schnell und bedingungslos zu beenden". Die grundlegenden Probleme blieben jedoch für die ehemaligen Kolonien nach ihrer Unabhängigkeit weiterhin bestehen: künstliche Grenzen, wirtschaftliche Monokulturen und unzureichende Industrialisierung.

1947	Großbritannien entlässt Indien und Pakistan, zu Jahresbeginn 1948 auch Burma und Ceylon (Sri Lanka) in die Unabhängigkeit. Der wichtigste Teil des britischen Empires ist damit nicht länger Kolonialbesitz.
1947	Nach militärischen Auseinandersetzungen müssen auf der Haager Konferenz die Niederlande die Unabhängigkeit Indonesiens anerkennen.
1954	Mit den Genfer Verträgen verliert Frankreich nach verlustreichem Krieg seine Besitzungen in Indochina. Vietnam, Laos und Kambodscha werden unabhängig.
1960	Frankreich und Belgien entlassen fast alle ihre afrikanischen Kolonien in die Unabhängigkeit. Im ehemals belgischen Kongo kommt es zum Bürgerkrieg.
1962	Algerien wird nach achtjährigen Krieg gegen Frankreich unabhängig.
1989	Namibia erlangt seine Unabhängigkeit von Südafrika. Nach Beendigung der deutschen Kolonialherrschaft (1915) hatte Südafrika das Mandat über das Territorium erhalten, dieses war ihm jedoch 1966 von der UNO entzogen worden.

3 Internationale Konflikte am Vorabend des Ersten Weltkriegs

Entente cordiale

Nach der ↗Faschoda-Krise, S. 40, kam es im Sudan-Vertrag (1899) zwischen England und Frankreich zu einem Ausgleich über ihre Interessen in Afrika. Die weitere Verständigung zwischen beiden Mächten fand 1904 in der ***Entente cordiale*** *(Das herzliche Einvernehmen)* einen Höhepunkt. 1907 wurde das Bündnis durch die Verständigung Russlands mit England zur Triple-Entente erweitert.

1904/05 Krieg zwischen Russland und Japan endet mit der Niederlage Russlands.

Beispiel: Internationale Krisen – die Marokkokrisen (1905/06 und 1911)

Als 1905 Frankreich versuchte, Marokko zu einem französischen Schutzgebiet zu machen, reiste Wilhelm II. nach Tanger, um mit seinem Besuch den deutschen Wirtschaftsinteressen Nachdruck zu verleihen. In der darauf folgenden Konferenz von Algeciras wurde Deutschland isoliert und die Entente zwischen England und Frankreich gefestigt. 1911 protestierte das Deutsche Reich gegen das militärische Eingreifen Frankreichs in innere Unruhen Marokkos und entsandte das Kanonenboot *Panther* in den Hafen von Agadir ***(Kanonenboot-Diplomatie).*** Durch ein Abkommen über Marokko und den Kongo wurde die Krise zwischen Frankreich und Deutschland beendet. Deutschland anerkannte Marokko als französisches Einflussgebiet und wurde mit einem kleinen Teil des französischen Kolonialgebiets am Kongo entschädigt.

Okt. 1912 1. Balkankrieg: Niederlage der Türkei gegen die Staaten des Balkanbundes (Serbien, Bulgarien, Griechenland, Montenegro)

Juni 1913 2. Balkankrieg: In den Auseinandersetzungen um die Kriegsbeute greift Bulgarien Serbien und Griechenland an. Rumänien und die Türkei treten gegen Bulgarien in den Krieg ein, das vollständig geschlagen wird.

Vielvölkerstaat

Einen Staat, in dem mehrere Völker unter einer politischen Herrschaft leben, bezeichnet man als ***Vielvölkerstaat,*** z. B. Österreich-Ungarn. 1910 setzte sich dessen Bevölkerung folgendermaßen zusammen (in Mio.): Deutsche 12; Tschechen und Slowaken 8,5; Ukrainer 4; Polen 5; Ungarn 10; Slowenen 1,4; Serbokroaten 5,6; Italiener 0,8; Rumänen 3,2.

Wettrüsten

Unter Führung von Admiral Tirpitz begann das Deutsche Reich 1897 eine große Anzahl neuer Kriegsschiffe zu bauen (↗„Neuer Kurs“, S. 37 f.). Damit trat Deutschland in Konkurrenz zur beherrschenden Flottennation Großbritannien. Die englische Regierung baute ab 1904 mehr und zugleich größere Kriegsschiffe. Der Versuch scheiterte, dieses gefährliche ***Wettrüsten*** zu beenden. 1912 blieben Verhandlungen über eine Rüstungsbegrenzung ohne Ergebnis, da Tirpitz nicht zu Konzessionen in der Flottenfrage bereit war.

4 Ausbruch und Verlauf des Ersten Weltkriegs

28. 6. 1914	Attentat von Sarajewo: Der österreichische Thronfolger Erzherzog ***Franz Ferdinand*** und seine Frau werden von einem bosnischen Studenten ermordet.
6. 7. 1914	Deutschland versichert Österreich-Ungarn seine unbedingte Bündnistreue ***(Blankovollmacht).***
28. 7. 1914	Kriegserklärung Österreich-Ungarns an Serbien
30. 7. 1914	Generalmobilmachung in Russland
1. 8. 1914	Deutsche Mobilmachung und Kriegserklärung an Russland
3. Aug. 1914	Kriegserklärung Deutschlands an Frankreich Es folgen weitere Kriegserklärungen: Serbiens an Deutschland (6. 8.), Österreich-Ungarns an Russland (6. 8.), Frankreichs an Österreich-Ungarn (11. 8.), Großbritanniens an Österreich-Ungarn (12. 8.).

Beispiel: Die Katastrophe des Ersten Weltkriegs
Der Erste Weltkrieg stellt einen traurigen Wendepunkt in der Kriegsführung dar. Durch die industrielle Fertigung wurden in vorher unvorstellbarer Weise Vernichtungswaffen produziert und angewandt. 1915 setzte die deutsche Armee erstmals Giftgas im Kampf ein. Die Zahl der Toten erreichte ein nie zuvor gekanntes Ausmaß. 1916 verloren 360 000 französische und 335 000 deutsche Soldaten in einem sinnlosen mehrmonatigen Stellungskrieg um die Festung Verdun ihr Leben. Im Februar 1917 befahl die Oberste Heeresleitung, deutsche U-Boote sollten ohne Warnung Handels- und Passagierschiffe versenken. Die USA sahen darin eine Bedrohung und nahmen diese Verschärfung zum Anlass, an der Seite der Alliierten in den Krieg einzutreten.

6. 4. 1917	Kriegseintritt der USA
8. 1. 1918	In vierzehn Punkten legt der amerikanische Präsident ***Wilson*** einen Vorschlag für den Abschluss eines Friedens vor (↗Völkerbund, S. 57).
3. 2. 1918	Frieden von ***Brest-Litowsk:*** Russland scheidet aus dem Krieg aus.

5 Die russischen Revolutionen

1903	Auf dem zweiten Kongress der russischen Sozialdemokratischen Arbeiterpartei spaltet sich diese in ***Menschewiki*** (Minderheitengruppe) und ***Bolschewiki*** (Mehrheitengruppe).
1905	Revolutionäre Unruhen im Innern zwingen Zar Nikolai II. zum Erlass einer Verfassung und zur Einrichtung eines Parlaments (Reichsduma).

Auslöser für die Revolution in Russland

- Wiederkehrende Hungerkatastrophen seit den 90er-Jahren führen zu einem Massenelend der Bauern und zu Versorgungsschwierigkeiten in den Städten.
- Die Forderungen des städtischen Bürgertums nach demokratischen Grundrechten werden lauter.

- Der liberal gesinnte Adel drängt nach Regierungsbeteiligung.
- Arbeiter kämpfen für die Verbesserung ihrer Lebens- und Arbeitsbedingungen.
- Die Niederlage gegen Japan 1905 verschärft die Situation.

Feb. 1917	Streiks und Massendemonstrationen gegen die Zarenherrschaft: Soldaten weigern sich, auf die Demonstranten zu schießen, und laufen zu den Aufständischen über.
Feb./März 1917	Als neues Machtzentrum bildet sich das Provisorische Exekutivkomitee des Petrograder ↗Sowjets (S. 48) der Arbeiter- und Soldatendeputierten (Abgeordnete). Es übt die Kontrolle über die Armee aus.
2. 3. 1917	Ende der Zarenherrschaft: Zar ***Nikolai II.*** dankt ab. Das Dumakomitee setzt eine provisorische Regierung ein. Bis auf den sozialistischen Justizminister ***Kerenskij*** sind ihre Mitglieder bürgerlich-liberal orientiert.
Mai 1917	Menschewiki treten in die provisorische Regierung ein.
Juli 1917	Kerenskij wird Ministerpräsident.
Okt. 1917	Bolschewistischer Umsturz in Petrograd (später Leningrad, heute wieder St. Petersburg). Kerenskij und sein Kabinett werden abgesetzt. Der „Rat der Volkskommissare“ unter Führung ↗Lenins (S. 47 f.) übernimmt die Regierungsgeschäfte.

Wladimir I. Uljanow, genannt Lenin, 1870–1924

Lenin war führend an der Spaltung der Sozialdemokratischen Partei Russlands nach dem Ausbruch der 1. Russischen Revolution in St. Petersburg (1905) beteiligt. Nach deren Scheitern verbrachte Lenin die folgenden Jahre im Exil.
In zahlreichen Schriften wandte er die marxistischen Thesen auf die Besonderheiten von Russland an und forderte eine vorzeitige Revolution. Statt des Zwischenstadiums des Kapitalismus sollte der direkte Schritt vom Feudalismus zum Sozialismus führen. Über eine *Diktatur des Proletariats* wollte er zum Sozialismus und Kommunismus gelangen.

Nach der russischen Februarrevolution 1917 reiste Lenin heimlich mit Unterstützung der deutschen Heeresleitung aus der Schweiz über Deutschland nach Russland ein. In seinen Aprilthesen forderte er *Alle Macht den Räten*. Nach der ***Oktoberrevolution*** nahm Lenin im Rat der Volkskommissare den Posten des Vorsitzenden ein. Seine führende Stellung im Zentralkomitee der Bolschewisten, die sich ab 1918 Kommunistische Partei Russlands nannten, war unbestritten. Um die Existenz des neuen Regimes nicht zu gefährden, war Lenin bereit, im ↗Frieden von Brest-Litowsk (S. 46) die harten deutschen Bedingungen zu akzeptieren.
In einem blutigen Bürgerkrieg setzten sich die Bolschewisten mit der neu geschaffenen Roten Armee unter Führung ***Trotzkis*** durch. 1923 überlebte Lenin ein Attentat trotz schwerer Verletzungen. Jedoch entglitten ihm nach Schlaganfällen in den letzten Lebensjahren zunehmend die politischen Zügel.

Sowjets

Zur Organisation von Streiks und Aufständen gründeten Arbeiter in der russischen Revolution 1905 Räte (russ. = Sowjets). Der Rätegedanke verfolgte ursprünglich ein demokratisches Konzept. Die gewählten Delegierten sollten den Wählern direkt verantwortlich und jederzeit abwählbar sein. In der russischen Februarrevolution 1917 entstand eine Doppelherrschaft in Petrograd durch die ***Sowjets*** einerseits und die provisorische Regierung andererseits. Das Rätesystem setzte sich mit der Oktoberrevolution endgültig durch. In der Revolution in Deutschland 1918/19 propagierten die Unabhängigen Sozialdemokraten (USPD) und die Kommunisten das Rätemodell. Dieses versteht sich als Gegenmodell zur repräsentativen parlamentarischen Demokratie. Es findet keine ↗Gewaltenteilung (S. 8 f.) statt. Träger der gesamten Staatsgewalt sind die ***Arbeiter- und Soldatenräte.***

1918–1921	Bürgerkrieg in Russland: Die gegenrevolutionären Kräfte vereinigen sich in der *weißen Armee*.
1920	Anerkennung der Unabhängigkeit der baltischen Staaten durch Russland

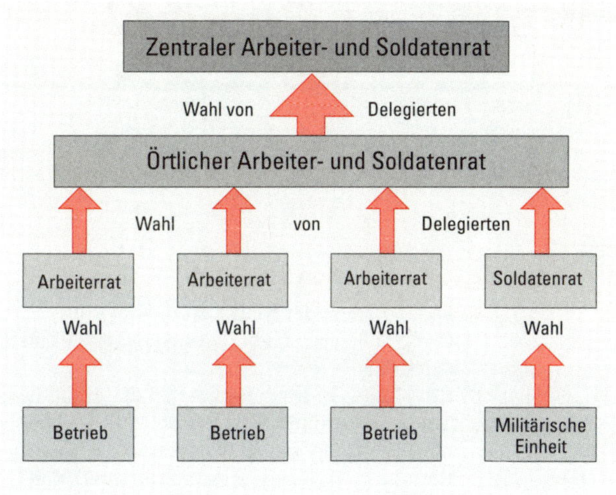

Rätesystem

30. 12. 1922	Gründung der UdSSR: In Moskau beschließt der Erste Allunions-Sowjetkongress die Bildung der *Union der sozialistischen Sowjetrepubliken.*
21. 1. 1924	Nach dem Tod Lenins setzt sich ↗Stalin (S. 81 f.) als der politisch starke Mann in der Sowjetunion durch.

Weimarer Republik

Nov. 1918 Kriegsende und Revolution	*1920* Kapp-Putsch	*1923* Ruhrkampf, Inflation, Hitler-Putsch	*1925* Tod Eberts Hindenbur[g] neuer Reic[hs]präsident

1 Kriegsende und Revolution 1918/19

3. 11. 1918 Der Aufstand der Matrosen in Kiel greift auf andere Städte über. Es bilden sich Arbeiter- und Soldatenräte.

7./8. 11. 1918 Revolution in München: Arbeiter-, Bauern- und Soldatenräte unter Kurt ***Eisner*** (USPD) übernehmen die Regierung. Der bayerische König flieht.

9. 11. 1918 Revolution in Berlin: Kaiser Wilhelm II. dankt ab. Philipp ***Scheidemann*** (SPD) ruft die Republik aus, Karl ***Liebknecht*** zwei Stunden später die „Freie Sozialistische Republik".

10. 11. 1918 Der ***Rat der Volksbeauftragten,*** bestehend aus je drei SPD- und USPD-Mitgliedern, übernimmt die Regierungsaufgaben.

11. 11. 1918 Der Waffenstillstand mit den Alliierten wird unterzeichnet.

28./29. 12. 1918 Die Vertreter der Unabhängigen Sozialdemokraten (USPD) treten aus dem Rat der Volksbeauftragten aus.

1. 1. 1919 Die Revolutionäre Kommunistische Arbeiterpartei (später KPD) wird in Berlin gegründet.

5.–15. 1. 1919 Ein von Kommunisten, USPD und revolutionären Metallarbeitern in Gang gesetzter Aufstand wird unter dem Namen ***Spartakusaufstand*** bekannt. Es kommt zum Generalstreik und zu Straßenkämpfen in Berlin. Karl ***Liebknecht*** und Rosa ***Luxemburg,*** die politischen Führer der Kommunisten, werden von Offizieren ermordet.

1930
Beginn der Präsidialkabinette

30. Jan. 1933
Hitler Reichskanzler

ab 1929
Weltwirtschaftskrise

Beispiel: Arbeiter- und Soldatenräte in der Revolution
In fast allen Städten Deutschlands bildeten sich im November 1918 ***Arbeiter- und Soldatenräte*** nach russischem Vorbild (Sowjets). Diese entsandten im Dezember ihre Vertreter zum Deutschen Rätekongress nach Berlin. Der Kongress war mehrheitlich SPD-orientiert (292 von 489 Delegierten). Er lehnte nach heftigen Diskussionen das Rätesystem als Organisationsform für das Reich ab und beschloss Wahlen zur Nationalversammlung.

2 Versailler Vertrag

18. 1. 1919	Die Friedenskonferenz wird im Spiegelsaal des Schlosses zu Versailles mit 70 Delegierten aus 27 Siegerstaaten eröffnet.
19. 4. 1919	Die Verfassung des ↗Völkerbundes (S. 57) wird in der Vollversammlung der Pariser Friedenskonferenz angenommen.
7. 5. 1919	Deutsche Bemühungen, in mehreren Punkten Milderungen zu erreichen, bleiben erfolglos.
20. 6. 1919	Reichskanzler Scheidemann tritt zurück, da er gegen eine Vertragsunterzeichnung ist. Eine neue Regierung unter Reichskanzler Gustav Bauer, bestehend aus Zentrum und SPD, wird gebildet.
23. 6. 1919	Annahme des Friedensvertrages im Deutschen Reichstag mit den Stimmen der Sozialdemokraten und des Zentrums. Fünf Tage später erfolgt die Unterzeichnung des Vertrags.

Die wichtigsten Bestimmungen des ***Versailler Vertrags:***

- Gebietsabtretungen des deutschen Reiches u. a.: Elsass-Lothringen, fast ganz Posen und Westpreußen, Memelgebiet
- Abstimmungen über die Zugehörigkeit zum Deutschen Reich u. a. in folgenden Landesteilen: Nordschleswig, Oberschlesien, Saargebiet (nach 15 Jahren)
- Verzicht Deutschlands auf alle überseeischen Gebiete
- Reduzierung der deutschen Armee; Aufhebung der allgemeinen Wehrpflicht
- Übernahme der Kriegsschuld
- Wiedergutmachung (Reparationen) in einer noch festzulegenden Höhe

3 Weimarer Verfassung

19. 1. 1919 Wahl zur Nationalversammlung: SPD, Zentrum und DDP (Linksliberale) erhalten zusammen die Mehrheit und bilden eine Regierung, die sog. ***Weimarer Koalition.*** Diese verliert jedoch in der Reichstagswahl 1920 ihre parlamentarische Mehrheit.

6. 2. 1919 Auf Grund von Straßenkämpfen findet die Eröffnung der Nationalversammlung nicht in Berlin, sondern in Weimar statt (daher die Namensgebung für die Republik).

11. 2. 1919 Friedrich ***Ebert*** wird zum Reichspräsidenten gewählt.

Friedrich Ebert, 1871–1925

Ebert stammte aus einer Handwerkerfamilie, nach der Volksschule schloss er eine Sattlerlehre an. 1889 trat er den Sozialdemokraten bei. Den begabten Redner und glänzenden Organisator betraute die Partei bald mit verschiedenen Aufgaben: 1912 wurde er Abgeordneter des Reichstags; 1913, nach dem Tod August Bebels, Vorsitzender der SPD neben Hugo Haase. Nach dessen Parteiausschluss, da Haase 1917 die Unabhängigen Sozialdemokraten (USPD) mitbegründete, übernahm Ebert den Vorsitz der SPD–Reichstagsfraktion (1916). Bei Ausbruch der Revolution am 9. 11. 1918 wurde er mit dem Amt des Reichskanzlers und mit dem Amt des Vorsitzenden des Rats der Volksbeauftragten betraut. 1919 wählten ihn die Abgeordneten zum ersten Reichspräsidenten. Während seiner Amtszeit wurde Ebert von den Rechten scharf angegriffen und diffamiert. Noch vor Ablauf seiner Amtszeit starb er 1925 an den Folgen einer verschleppten Blinddarmentzündung.

11.8.1919 Die ***Weimarer Reichsverfassung*** tritt in Kraft: Sie schreibt erstmalig das Frauenwahlrecht in Deutschland fest. Das Alter für das aktive Wahlrecht wird von 25 auf 21 Jahre gesenkt.

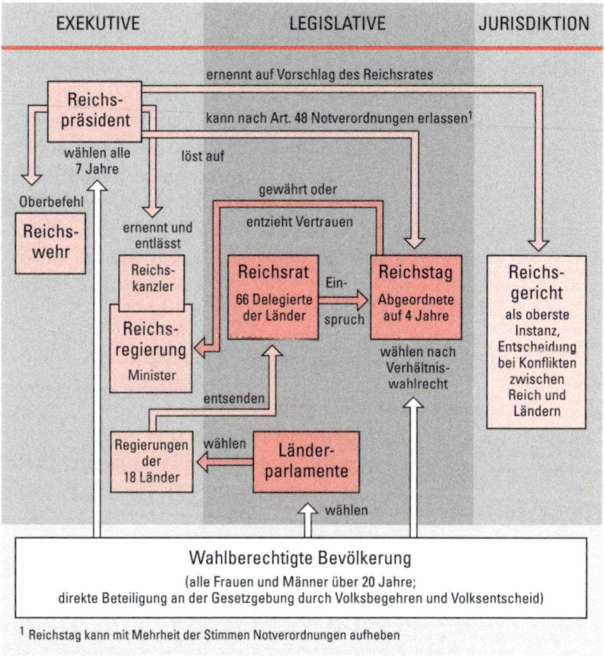

Die Verfassung der Weimarer Republik

13.–16.3. 1920	***Kapp-Lüttwitz-Putsch:*** Rechte Republikfeinde versuchen die Regierungsgewalt zu erlangen. Die Reichsregierung flieht nach Stuttgart. Die Gewerkschaften rufen zum Generalstreik auf, kurz darauf bricht der Putsch zusammen. Die Reichswehr weigert sich, gegen die Putschisten vorzugehen.

Angriffe auf die Republik

Beispiel: Dolchstoß-Legende

Die ***Dolchstoß-Legende*** war nach 1918 von Nationalisten verbreitete Propaganda. Danach seien an der deutschen Niederlage im Ersten Weltkrieg nicht das Militär und die monarchische Führung schuld, sondern Demokraten und Sozialisten. Diese seien der unbesiegten Armee in den Rücken gefallen. Im November 1919 hatte erstmals Hindenburg diese Lüge vor einem Untersuchungsausschuss der Nationalversammlung zur Kriegsniederlage in die Welt gesetzt. In der Folge verübten Rechtsextremisten politische Morde an demokratischen Politikern. Im August 1921 wurde der Zentrumspolitiker Matthias ***Erzberger*** ermordet. Er hatte im November 1918 den Waffenstillstandsvertrag unterschrieben. Im Juni 1922 erschossen Rechtsextremisten den demokratischen Außenminister Walther ***Rathenau*** auf der Fahrt in sein Ministerium. Rathenau war Jude.

11.1.1923	Beginn des ***Ruhrkampfes:*** Französische und belgische Truppen besetzen zur Sicherung der Reparationsansprüche das Ruhrgebiet. Die Reichsregierung fordert zum passiven Widerstand auf.
13.8.1923	Abbruch des Ruhrkampfes, da dieser nicht mehr zu bezahlen ist (↗Inflation, S. 55)
Okt./Nov. 1923	Kommunisten versuchen durch einen Aufstand in Hamburg und Unruhen in Sachsen und Thüringen einen Umsturz herbeizuführen. In der Pfalz wollen Separatisten eine Abtrennung vom Deutschen Reich erreichen. Die bayerische Regierung verhängt den Ausnahmezustand. In dieser Krise putscht Hitler (↗Hitler-Putsch, S. 56).

15. 11. 1923 Die Inflation wird durch die Einführung einer neuen Währung beendet: 1 Rentenmark = 1 Billion Papiermark.

Inflation 1914–1923

Während dieser Zeit wurde das Geld immer weniger wert, da die im Umlauf befindliche Geldmenge immer mehr zunahm. Das Deutsche Reich hatte den größten Teil des Krieges durch Anleihen (Staatsverschuldung) finanziert. Die Regierung hatte gehofft, nach einem siegreichen Krieg die Anleihen aus Eroberungen und Kriegsbeute zurückzahlen zu können. Nach Kriegsende druckte die Regierung Geld, um die Kriegsanleihen, die Arbeitsplätze für die heimkehrenden Soldaten und auch die Reparationen finanzieren zu können. Die Geldmenge nahm dadurch zu, die Preise stiegen immer schneller, der Geldwert sank. Ab 1922 spricht man nicht mehr von einer *schleichenden,* sondern von einer *galoppierenden* ***Inflation*** oder einer Hyperinflation.

Eine zusätzliche Verschärfung erfuhr die Inflation durch den ↗Ruhrkampf, S. 54. Während des passiven Widerstands musste der Lebensunterhalt der Ruhr-Bevölkerung finanziert werden, es wurden jedoch keine Gegenwerte geschaffen. Die Notenpressen der Reichsbank liefen immer schneller. Im November 1923 kostete eine Zeitung 1 Billion Mark.

5 Frühphase der NSDAP

5. 1. 1919 Der Schlosser Anton Drexler und der Sportjournalist Karl Harrer gründen in München die Deutsche Arbeiterpartei (DAP) mit anfangs nur 20–40 Mitgliedern.

12. 9. 1919 Hitler besucht im Auftrag der Reichswehr eine Versammlung der DAP, tritt kurz darauf der Partei bei.

24. 2. 1920 Erste Großveranstaltung der in ***Nationalsozialistische Deutsche Arbeiterpartei (NSDAP)*** umbenannten Partei mit 2 000 Besuchern: Hitler gibt das von Drexler und ihm zusammengestellte 25-Punkte-Programm bekannt.

8./9. 11. 1923	***Hitler-Putsch*** in München: Hitler erklärt die Regierungen des Reiches und Bayerns für abgesetzt und sich selbst zum Reichskanzler. Der durch München ziehende Demonstrationszug wird auf dem Weg zur Feldherrenhalle von der Polizei gewaltsam zerstreut. Hitler wird verhaftet.
Feb./März 1924	Hochverratsprozess gegen Hitler, ***Ludendorff*** sowie andere Beteiligte des Putsches. Hitler wird zu fünf Jahren Festungshaft in Landsberg verurteilt, aber bereits im Dezember vorzeitig entlassen.

6 Scheinstabile Jahre 1924–29

Die wichtigsten Konferenzen für die deutsche Außenpolitik nach dem Abkommen von Versailles

Ort / Teilnehmer	Zweck	wichtige Vertragspunkte
Rapallo (16. 4. 1922) Deutschland, Sowjetunion	Regelung der deutsch-russischen Beziehungen	– gegenseitiger Verzicht auf Ersatz der Kriegskosten sowie territoriale Gebietsansprüche – Wiederaufnahme diplomatischer Beziehungen
Dawes-Plan (9. 4. 1924) Internationaler Sachverständigenausschuss	Sicherung der Rückzahlungsfähigkeit europäischer Schuldner an die USA	– Festsetzung der jährlichen finanziellen Belastung Deutschlands bis 1927/28 – endgültige Höhe und Dauer der deutschen Kriegsentschädigung offen
Locarno (16. 10. 1925) Deutschland, Belgien, Polen, Frankreich, Großbritannien, Tschechoslowakei	Politischer Ausgleich zwischen Deutschland und den ehemaligen Feindmächten	– Verzicht Deutschlands auf Elsass-Lothringen, Anerkennung und Garantie der Westgrenzen – Schiedsabkommen zwischen Deutschland und den einzelnen Ländern
Berlin (24. 4. 1926) Deutschland, Sowjetunion	Zusammenarbeit zwischen Deutschland und der UdSSR	– Versicherung der Neutralität im Konfliktfall mit einer dritten Macht

Ort / Teilnehmer	Zweck	wichtige Vertragspunkte
Genf (10. 9. 1926)	Aufnahme Deutschlands in den Völkerbund	– Deutschland wird ständiges Mitglied im Völkerbundsrat
Den Haag (6. 8. 1929/ 30. 1. 1930) 12 europ. Mächte, u. a. Deutschland, Polen, Frankreich, Großbritannien sowie USA und Japan	Abkommen über die deutschen Reparationsverpflichtungen	– Zusicherung der Räumung der Rheinlandes bis Juni 1930 – Regelung der Reparationen auf Basis des Young-Plans: Reparationsleistungen werden auf 57 Jahre verteilt.

Völkerbund
Die internationale Organisation wurde auf Anregung des amerikanischen Präsidenten Wilson 1919 während der Pariser Friedenskonferenz gegründet. Das Ziel einer allgemeinen Abrüstung wurde aber nicht erreicht. Da einige wichtige Länder nie (USA) oder nur zeitweise (Deutschland) Mitglieder wurden, blieb die Autorität des ***Völkerbundes*** sehr begrenzt. 1946 wurde er aufgelöst. An seine Stelle treten die ↗Vereinten Nationen, S. 82 f.

Gustav Stresemann, 1878–1929
Der spätere Reichsaußenminister und Reichskanzler kam aus einer kleinbürgerlichen Familie. Noch vor dem Ersten Weltkrieg wurde er Abgeordneter der Nationalliberalen im Reichstag (1907–12, 1914–18). 1915 übernahm Stresemann den Vorsitz der Reichstagsfraktion. Nach der Revolution gründete er 1919 die rechtsliberale Deutsche Volkspartei und wurde deren Vorsitzender. Zunächst war er gegen die Weimarer Republik und den Versailler Vertrag. Weniger aus Überzeugung als aus Vernunftgründen setzt er sich ab 1920 für die Republik ein, er wird daher auch als ***Vernunftrepublikaner*** bezeichnet. Im Krisenjahr 1923 übernahm er für kurze Zeit das Amt des Reichskanzlers und wurde dabei von einer großen Koalition (SPD, DDP, Zentrum und DVP) getragen. Von 1923 bis zu seinem Tod 1929 war

er Außenminister. Für seine Ausgleichspolitik wurde er 1926 zusammen mit dem französischen Außenminister ***Briand*** mit dem Friedensnobelpreis ausgezeichnet. Sein Tod kurz vor Ausbruch der Weltwirtschaftskrise führte zu einer deutlichen Schwächung der Weimarer Republik.

Die *Goldenen Zwanziger*

Beispiel: Moderne Massenkultur

Erfindungen und neue Herstellungstechniken wie das Fließband schaffen die Voraussetzungen für den Erfolg neuer Kommunikationsmittel. Neue Produkte wie beispielsweise das Radio lassen sich kostengünstiger produzieren. Mit den Formen der ***Massenkultur*** werden jetzt breite Bevölkerungsschichten erreicht.

Radio

Erstmals im Herbst 1923 wird der Hörfunkbetrieb in Deutschland aufgenommen. Bis Anfang 1928 sind zwei Mio. Geräte angemeldet. 1932 gibt es bereits in einem Viertel aller Haushalte einen Apparat. Beliebt sind Übertragungen von großen Sportereignissen.

Kino

Ende der 20er-Jahre kommen die ersten Tonfilme auf den Markt. Täglich gehen zwei Mio. Menschen ins Kino. Filme wie *Metropolis* von Fritz Lang oder *Der blaue Engel* mit Marlene Dietrich machen Kinogeschichte. SPD und KPD gründen Filmfirmen, um eigene Filme mit ihren politischen Zielen herzustellen und zu verbreiten – z. B. *Kuhle Wampe*.

Presse

1928 erscheinen in Deutschland 3 356 Tageszeitungen mit einer Gesamtauflage von über 20 Mio. Exemplaren. Kritiker sehen vor allem in dem Pressekonzern des deutschnationalen Politikers ***Hugenberg*** eine Gefahr für die Republik, da es zu einer Meinungskonzentration kommt.
Als neue Zeitschriftenform mit Bildern und Fotos setzt sich die Illustrierte durch und erreicht Millionenauflagen. Es erscheinen Boulevard-Zeitungen *(BZ am Mittag)*, die die neuen Form der Bildreportage nutzen.

7 Untergang der Republik 1929/30–1933

Okt. 1929 Ein Börsenkrach in New York wird zum Auslöser der ***Weltwirtschaftskrise.*** Amerikanische Kredite werden aus Europa abgezogen. Dadurch kommt es in Deutschland zu einem Rückgang des Handels, zu Bankenzusammenbrüchen und damit einem dramatischen Anstieg der Arbeitslosigkeit.

März 1930 Über die Frage einer Beitragserhöhung zur Arbeitslosenversicherung zerbricht die große Koalition unter Reichskanzler Müller (SPD).

Sept. 1930 In der Reichstagswahl erzielt die NSDAP einen starken Stimmenanstieg und steigert ihre Abgeordnetenzahl von 12 auf 107 Mandate im Reichstag.

	Januar	Juli		Januar	Juli
1927	–	1,0	1931	4,89	3,99
1928	1,86	1,01	1932	6,04	5,39
1929	2,85	1,25	1933	6,01	4,46
1930	3,22	2,76	1934	3,77	2,42

Entwicklung der Arbeitslosigkeit in Deutschland (in Mio.)

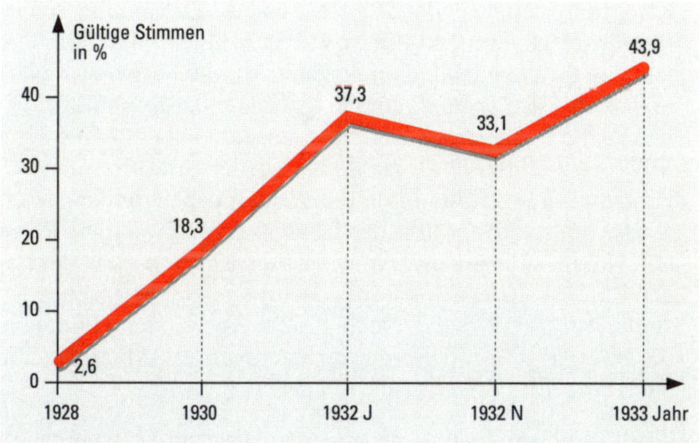

Wahlentwicklung der NSDAP, 1928–1933

März 1930 –Mai 1932	Heinrich ***Brüning*** (Zentrum) wird Reichskanzler. Durch einen harten Sparkurs bei den Staatsausgaben ***(Deflationspolitik)*** versucht er der Wirtschaftskrise Herr zu werden. Die meisten Gesetze werden über Notverordnungen durchgesetzt.

Notverordnung/Präsidialkabinette

Die Regierungen nach 1930 bis zur Reichskanzlerschaft Hitlers bezeichnet man als ***Präsidialkabinette.*** Sie konnten sich auf keine parlamentarische Mehrheit stützen und waren abhängig vom Reichspräsidenten. Dieser erließ mit dem Hinweis auf Artikel 48 der Verfassung ***Notverordnungen.*** Diese verdrängten fast vollständig das ordentliche Gesetzgebungsverfahren durch das Parlament.

Paul von Hindenburg, 1847–1934

Der Oberbefehlshaber im Ersten Weltkrieg an der Ostfront gewann als Kriegsheld große Volkstümlichkeit. Als Chef des Generalstabs des Feldheeres übte ***Hindenburg*** seit 1916 zusammen mit ***Ludendorff*** maßgebenden Einfluss auf die politischen Entscheidungen aus. Nach den militärischen Niederlagen im Westen forderte er Waffenstillstandsverhandlungen. Bei Kriegsende leitete er den Rückzug und die Demobilisierung des Heeres. Nach dem Tod Eberts wurde er als Kandidat der Rechten zum Reichspräsidenten gewählt; Hindenburg hielt sich formal an die Verfassung, ohne je Anhänger der Republik zu werden. 1932 wurde er als Kandidat der Parteien der Mitte bis zur SPD gegen Hitler im 2. Wahlgang wieder gewählt.

Hindenburg gewann durch den Verfall der parlamentarischen Kräfte ein starkes politisches Übergewicht, da sich die Präsidialkabinette auf seine Autorität stützten. Er war z. B. in der Lage, den Reichskanzler ohne Berücksichtigung der politischen Konstellation, zu entlassen. Noch 1932 weigerte sich Hindenburg, die NSDAP an der Regierung zu beteiligen, 1933 berief er Hitler nach längerem Zögern zum Reichskanzler.

April 1932	Hindenburg wird gegen Hitler im 2. Wahlgang erneut zum Reichspräsidenten gewählt.

30. 5. 1932 Reichskanzler Brüning wird entlassen. Seine Nachfolge tritt Franz von ***Papen*** zusammen mit General von Schleicher als Reichswehrminister an. Das Kabinett der *nationalen Konzentration* wird im Volk *Kabinett der Barone* genannt: Sechs von neun Regierungsmitglieder sind adlig.

14. 6. 1932 Das Verbot von SA und SS wird durch eine Notverordnung der Regierung von Papen aufgehoben. Als Gegenleistung bietet Hitler die Tolerierung der Minderheitsregierung.

Juni/Juli 1932 Die Konferenz von Lausanne löst das Reparationsproblem für Deutschland durch die Vereinbarung über eine einmalige Schlusszahlung von 3 Mrd. Reichsmark.

20. 7. 1932 In einem Staatsstreich des Reichskanzlers von Papen ***(Preußenschlag)*** wird die demokratische preußische Minderheitsregierung Braun (SPD/Zentrum) unter Berufung auf Artikel 48 der Verfassung abgesetzt. Der Reichskanzler übernimmt das Amt des preußischen Ministerpräsidenten.

31. 7. 1932 Die NSDAP wird stärkste Partei bei der Reichstagswahl. Die Kommunisten gewinnen ebenfalls dazu. Eine rechnerische Mehrheit für eine Regierung der demokratischen Mitte ist nicht mehr vorhanden.

6. 11. 1932 Da die Versuche einer Regierungsbildung erfolglos bleiben, findet eine erneute Reichstagswahl statt. Es kommt dabei zu einem Stimmenrückgang der NSDAP und zu Gewinnen für die Deutschnationalen und die Kommunisten.

17. 11. 1932 Rücktritt des Kabinetts von Papen: General Kurt von ***Schleicher*** wird Anfang Dezember neuer Reichskanzler. Es ist die 20. Regierung seit 1918.

28. 1. 1933 Schleicher tritt als Reichskanzler zurück, nachdem ***Hindenburg*** seinen Vorschlag einer befristeten Diktatur als letzte Möglichkeit, die Ernennung Hitlers zum Reichskanzler zu verhindern, ablehnt.

Nationalsozialismus

30. Jan. 1933 Reichskanzlerschaft Hitlers	*1934* Tod Hindenburgs	*1935* Nürnberger Gesetze	*1938* Anschluss Österreichs; Pogromnacht	*Sept. 193*[…] Beginn d[…] Zweiten Weltkrieg[…]

1 „Machtergreifung“ und „Gleichschaltungspolitik“

30. 1. 1933 Hitler wird von Hindenburg zum Reichskanzler ernannt. Neben Hitler sind noch zwei NSDAP-Mitglieder (Frick, Göring) im Kabinett vertreten. Die Vorstellung rechtskonservativer Kreise, man könne durch die Hineinnahme von acht nichtnationalsozialistischen Ministern in die Regierung Hitler zähmen, erweist sich bald als folgenschwerer Irrtum.

Adolf Hitler, 1889–1945

Hitler stammte aus einer kleinbürgerlichen Beamtenfamilie in Braunau (Österreich). In Wien (1908–1913) hielt er sich mit Malen von Bildern und Postkarten finanziell über Wasser, siedelte dann nach München über. Im Ersten Weltkrieg meldete er sich als Kriegsfreiwilliger an die Westfront. Nach Kriegsende übernahm er im Auftrag der Reichswehr Schulungsaufgaben und wurde als Agent zur Beobachtung von politischen Gruppen in München eingesetzt. Während dieser Zeit besuchte er eine Veranstaltung der bis dahin unbedeutenden Deutschen Arbeiterpartei (DAP) und wurde kurz darauf Mitglied. In dieser setzte er sich schnell durch und wurde 1. Vorsitzender (Führer) mit fast diktatorischen Vollmachten. 1920 wurde die Partei in Nationalsozialistische Deutsche Arbeiterpartei (NSDAP) umbenannt. 1923 scheiterte ein von Hitler geführter Putsch (↗Hitler-Putsch, S. 56). Während seiner Festungshaft in Landsberg schrieb er den ersten Band von „Mein Kampf“. Nach seiner vorzeitigen Haft-

Jan. 1942
Wannsee-Konferenz

Juni 1944
Alliierte Invasion in der Normandie

8. Mai 1945
Kapitulation Deutschlands

entlassung gründete er die Partei neu. Anfang der 30er- Jahre gewann die NSDAP in dramatischer Weise an Stimmen und wurde so in kürzester Zeit zur stärksten Partei im Reichstag.
Mit der Ernennung zum Reichskanzler begann der Aufbau diktatorischer Macht nach innen und der Expansion nach außen. Nach dem Tod Hindenburgs (1934) übernahm er das Amt des Reichspräsidenten. Die Reichswehr legte den Eid auf seine Person ab. Kurz vor Ende des Zweiten Weltkriegs (30. 4. 1945) beging Hitler Selbstmord. Sein Rassenhass und seine mörderischen Vorstellungen von einem *Kampf ums Dasein* bestimmten die Richtung der nationalsozialistischen Politik.

1. 2. 1933 Reichstagsauflösung und Festsetzung von Neuwahlen für den 5. März

4. 2. 1933 Die Verordnung des Reichspräsidenten *Zum Schutze des deutschen Volkes* ermöglicht Eingriffe in die Presse- und Versammlungsfreiheit und gibt die Handhabe für erste Verfolgungen politischer Gegner.

6. 2. 1933 Verordnung des Reichspräsidenten zur *Herstellung geordneter Regierungsverhältnisse in Preußen:* Durch eine Verfassungsmanipulation kommt es zur Landtagsauflösung und zur Festsetzung von Neuwahlen am 5. März.

22. 2. 1933 In Preußen ordnet Innenminister Göring an, SA, SS und Stahlhelmleute als Hilfspolizisten einzusetzen.

27. 2. 1933 ***Reichstagsbrand:*** Der holländische Kommunist Marinus van der Lubbe zündet das Berliner Reichstagsgebäude an. Daraufhin nimmt die Polizei über 4 000 missliebige Personen fest, die auf schwarzen Listen der Nationalsozialisten stehen.

28. 2. 1933 Notverordnung des Reichspräsidenten *Zum Schutz von Volk und Staat (Reichstagsbrandverordnung* ↗Machtergreifung, S. 64).

„Machtergreifung"

Der 30. Januar 1933 war nicht, wie die NS-Propaganda verbreitete, der Tag der ***Machtergreifung*** durch die Nationalsozialisten, sondern der Tag der Machtübergabe aus den Händen des greisen Reichspräsidenten Hindenburg. Die *Machtergreifung*, d. h. der Prozess der Umwandlung der Weimarer Republik in eine Einparteien- und Führerdiktatur geschah in den darauf folgenden Wochen. Wichtige Instrumente waren dabei zwei Gesetze. Die *Reichstagsbrandverordnung* setzte die wesentlichen Grundrechte außer Kraft: Freiheit der Person, Meinungs-, Presse-, Vereins- und Versammlungsfreiheit, Post- und Fernsprechgeheimnis, Unverletzlichkeit von Eigentum und Wohnung.
Das ***Ermächtigungsgesetz*** zur *Behebung der Not von Volk und Reich* vom 23. 3. 1933 bedeutete die Ausschaltung der Weimarer Verfassung. Die Regierung konnte nun Gesetze verfassungsändernden Inhalts, soweit sie nicht die Einrichtung des Reichstags und Rechte des Reichspräsidenten berührten, erlassen. Das Ermächtigungsgesetz bildete die Grundlage für die NS-Diktatur: 1937 auf 4 Jahre, 1943 auf unbestimmte Zeit verlängert.

5. 3. 1933 Reichstagswahl: Trotz NS-Terrors im Wahlkampf und verfassungswidriger Behinderung besonders von KPD, SPD und Zentrum erreicht die NSDAP nur 43,9 % der Stimmen.

5.–9. 3. 1933 In den nichtnationalsozialistischen Ländern (Hamburg, Hessen, Lübeck und Bremen, Württemberg, Baden, Sachsen, Schaumburg-Lippe, Bayern) werden vom Reichsinnenminister, unterstützt von SA- und SS-Provokationen, Nationalsozialisten als Polizeikommissare eingesetzt.

Gleichschaltung
Hinter diesem politischen Schlagwort der Nationalsozialisten verbirgt sich die Aufhebung des politischen und gesellschaftlichen Pluralismus während der Phase der ↗Machtergreifung, S. 64. Bei der ***Gleichschaltung*** der Länder mussten diese ihre Hoheitsrechte auf das Reich übertragen. Ebenso wurden wichtige Organisationen sowie Rundfunk und Presse *gleichgeschaltet.* Sie wurden ihrer Eigenständigkeit beraubt und nach dem Führerprinzip ausgerichtet, indem überzeugte Nationalsozialisten die Führungspositionen auf allen Organisationsebenen übernahmen.

20. 3. 1933 Himmler gibt die Errichtung eines ständigen Konzentrationslagers in Dachau bekannt (↗Konzentrationslager, S. 75 f.).

21. 3. 1933 *Tag von Potsdam:* In der Eröffnungssitzung des neu gewählten Reichstags in der Potsdamer Garnisonskirche beschwören Hitler und Hindenburg preußische Tugenden und nationale Größe. Die Bilder dieser Propagandaveranstaltung verfehlen ihre Wirkung nicht.

Beispiel: Ausschaltung des Parlaments – Ermächtigungsgesetz
Am 23. 3. 1933 wurde gegen die Stimmen der SPD das ***Ermächtigungsgesetz*** (↗Machtergreifung, S. 64) mit der notwendigen Zweidrittel-Mehrheit angenommen. Um diese zu erreichen, wurden alle 81 KPD-Abgeordnete als nicht mehr zum Reichstag gehörig und damit als nicht stimmberechtigt gezählt. Diese waren nach dem Reichstagsbrand wie auch 26 SPD-Abgeordnete geflohen oder verhaftet worden. Während das Zentrum zustimmte, um die Rechte der katholischen Kirche im Schul- und Erziehungswesen und die Verhandlungen über das Konkordat nicht zu gefährden, lehnten die Sozialdemokraten das Gesetz ab.

7. 4. 1933 Durch *das Gesetz zur Wiederherstellung des Berufsbeamtentums* werden politisch unliebsame Personen und Juden vom Beamtenstatus ausgeschlossen.

1.5.1933	Der *Tag der nationalen Arbeit* wird erstmals gesetzlicher Feiertag.
2.5.1933	Häuser der Gewerkschaften werden von nationalsozialistischen Rollkommandos besetzt und die Gewerkschaften zerschlagen ↗Wirtschaft und Gesellschaft, S. 67 ff.
10.5.1933	Nationalsozialistische Studenten organisieren in Universitätsstädten Bücherverbrennungen *undeutscher* Autoren (z. B. Erich Kästner, Bertolt Brecht, Thomas Mann).
22.6.1933	Die SPD wird verboten. Bis zum 5.7. lösen sich die übrigen Parteien selbst auf.
14.7.1933	Gesetz gegen die Neubildung von Parteien: Das Monopol der NSDAP vollendet die Gleichschaltung auf parlamentarischer Ebene.

Faschismus

Damit ist im engeren Sinne eine nach dem Ersten Weltkrieg in Italien entstandene Bewegung gemeint. Die italienischen Faschisten gelangten 1922 an die Macht. Das von Benito ***Mussolini*** geführte und straff organisierte Herrschaftssystem basierte auf dem Einparteienstaat und war antiparlamentarisch, antidemokratisch und antimarxistisch. Im weiteren Sinne ist ***Faschismus*** Sammelbegriff für alle rechtsradikalen, autoritären politischen Bewegungen oder Systeme bis 1945. Dazu zählt auch der Nationalsozialismus. Heute verwendet man ***Neofaschismus*** und ***Neonazismus*** für rechtsradikale Bewegungen, die sich ideologisch an Faschismus und Nationalsozialismus orientieren.

30.6.–3.7.1934	***Röhm-Affäre:*** Unter dem Vorwand eines unmittelbar drohenden Putsches der SA werden höhere SA-Führer von der Gestapo und der SS verhaftet und ohne Verfahren erschossen. Auch zahlreiche andere politische Gegner, deren sich das Regime entledigen will, werden ermordet.
2.8.1934	Tod Hindenburgs: Hitler übernimmt das Amt des Reichspräsidenten. Die Reichswehr wird auf den „Führer und Reichskanzler Adolf Hitler“ vereidigt.

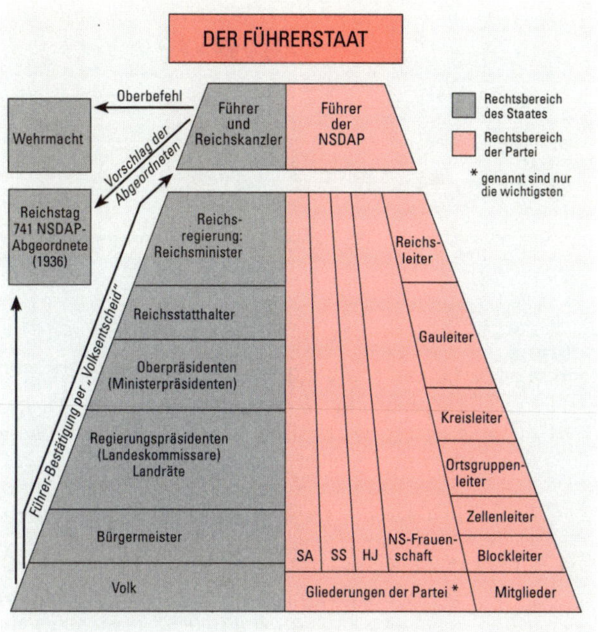

Das nationalsozialistische Herrschaftssystem

Wirtschaft

10. 5. 1933 Gründung der ***Deutschen Arbeitsfront (DAF):*** Die Mitglieder der Gewerkschaften werden zwangsweise in diese Organisation eingegliedert, die der NSDAP angeschlossen ist.

19. 5. 1933 Das Gesetz über Treuhänder der Arbeit regelt die Arbeitsverträge. Die Tarifautonomie wird durch staatlichen Zwang ersetzt.

29. 11. 1933 Per Gesetz erfolgt die Einführung von Pflichtinnungen und des Führerprinzips im Handwerk.

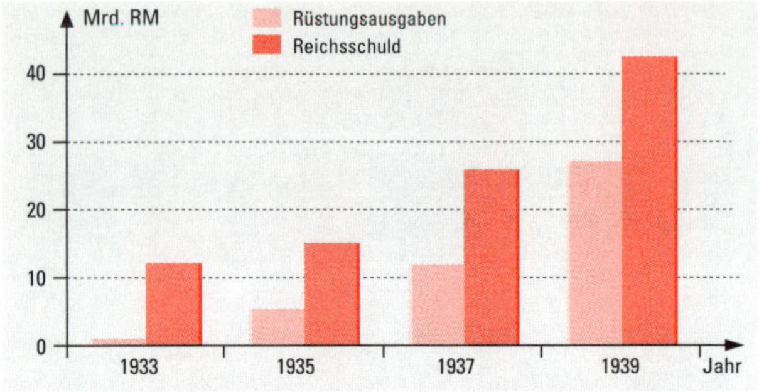

Ausgaben und Staatsschulden

Kirche

20. 7. 1933 Abschluss des ***Konkordats*** (Vertrag zwischen dem Deutschen Reich und dem Vatikan): Das Deutsche Reich sichert Bestand, Tätigkeit und Einrichtungen der aber nie näher abgegrenzten religiösen, kulturellen und karitativen katholischen Organisationen. Im Gegenzug verbietet der Vatikan Priestern und Ordensleuten jede parteipolitische Betätigung.

11. 9. 1933 Gründung des *Pfarrernotbundes:* Ein Drittel aller evangelischen Pfarrer wendet sich gegen die Gleichschaltung durch die *Deutschen Christen,* die einen *Arierparagraphen* in der Kirche einführen wollen.

Jugend

Die Nationalsozialisten bemühen sich in besonderer Weise, die Jugend für den Staat zu gewinnen. Am 1. 12. 1936 wird die ***Hitlerjugend (HJ)*** zur Staatsjugend erklärt. Die Aktivitäten reichen von einer vormilitärischen Ausbildung (Wehrertüchtigungslager) nach dem Befehlsprinzip bis zur Freizeitgestaltung. Gegen Kriegsende erfolgt der Einsatz der Minderjährigen im ***Volkssturm.*** Ab 1940 wird die Mitgliedschaft in der HJ oder dem ***Bund deutscher Mädel (BDM)*** für alle Jugendlichen Pflicht. Organisation: 14–18-jährige als HJ bzw. BDM, 10–14-jährige als *Jungvolk* bzw. *Jungmädel.* Mitglieder 1938: ca. 8,7 Mio.

Armee

4.2.1938 Nach einer Intrige werden der Reichskriegsminister von Blomberg und der Oberbefehlshaber des Heeres von Fritsch entlassen ***(Fritsch-Krise).*** An Stelle des Reichskriegsministeriums bildet Hitler ein Oberkommando (OKW) der Wehrmacht. Er wird Oberbefehlshaber der Wehrmacht.

3 Ausgrenzung durch Rassenpolitik

22.3.1933 Im Reichsinnenministerium wird das Referat *Rassenhygiene* gebildet.

1.4.1933 Gegen jüdische Geschäfte findet ein von der NSDAP und dem Propagandaministerium organisierter Boykott statt.

7.4.1933 Das *Gesetz zur Wiederherstellung des Berufsbeamtentums* schließt Juden vom Beamtentum aus.

14.7.1933 Das Gesetz zur Verhütung erbkranken Nachwuchses ermöglicht die Sterilisierung, wenn mit großer Wahrscheinlichkeit Nachkommen mit schweren körperlichen oder geistigen Erbschäden zu erwarten sind.

25.7.1935 *Nichtarier* werden vom Wehrdienst ausgeschlossen.

15.9.1935 Verkündung der ***Nürnberger Gesetze*** auf dem NSDAP-Parteitag: Zwischen Juden und Nichtjuden werden Eheschließung und Geschlechtsverkehr verboten. Juden werden zu politisch rechtlosen Staatsbürgern erklärt.

14.11.1935 Den Juden wird das Wahlrecht aberkannt.

„Arisierung“

Die ***Arisierung*** zielte auf die Verdrängung der Juden aus dem deutschen Berufs- und Wirtschaftsleben und deren Ausplünderung. Jüdisches Grund- und Betriebsvermögen wurde enteignet. Nach der Reichspogromnacht 1938 erfolgte ein generelles Verbot der Führung von Geschäften und Betrieben für Juden. In Zwangsverkäufen veräußerten jüdische Besitzer ihre Vermögen deutlich unter Wert.

17. 8. 1938	Alle Juden müssen den zusätzlichen Vornamen *Sara* bzw. *Israel* annehmen.
9./10. 11. 1938	Organisierte Judenpogrome ***(Kristallnacht)*** durch die NSDAP und die SA: Es kommt zu Zerstörungen von Synagogen, jüdischen Geschäften und Wohnungen, Misshandlungen und Verhaftungen von über 30 000 Juden.
14. 11. 1938	Juden dürfen keine deutschen Schulen mehr besuchen.
8. 12. 1938	Ein Runderlass Himmlers schreibt die systematische Erfassung und erkennungsdienstliche Behandlung aller Sinti und Roma im Reichsgebiet vor.

„Euthanasie“

1940 begannen die Nationalsozialisten geistig und körperlich Behinderte zu ermorden ***(Euthanasie).*** Bis August 1941 wurden in speziellen Tötungsanstalten schätzungsweise 60 000 bis 80 000 Menschen umgebracht. Proteste, vor allem von kirchlicher Seite, führten zur Einstellung der Massenmorde, auch wenn heimlich weiter getötet wurde.

4 Außenpolitik bis 1939

Okt. 1933	Austritt aus der Abrüstungskonferenz und aus dem Völkerbund: In einer Volksabstimmung begrüßen 88 % der Deutschen diesen Schritt.
Jan. 1934	Deutschland und Polen unterzeichnen einen Nichtangriffspakt auf zehn Jahre.
1. 3. 1935	Das Saargebiet kehrt zum Reich zurück. In einer Abstimmung, die zuvor gemäß dem Versailler Vertrag und unter internationaler Kontrolle stattfand (13. 1.), stimmen 90,6 % der Saarländer für die Rückgliederung. Das Ergebnis bedeutet einen enormen Prestigegewinn für das NS-Regime.
16. 3. 1935	Die Einführung der allgemeinen Wehrpflicht und der Aufbau einer deutschen Luftwaffe bedeuten den Bruch der militärischen Bestimmungen des Versailler Vertrags durch Hitler.

18. 6. 1935 Deutsch-britisches Flottenabkommen: Großbritannien erklärt sich mit einer Stärke der deutschen Kriegsmarine einverstanden, die bis zu 35 % der britischen erreicht (↗ Appeasement-Politik, S. 71).

7. 3. 1936 Die Locarno-Verträge werden einseitig aufgekündigt. Die Wehrmacht besetzt vertragswidrig das entmilitarisierte Rheinland.

25. 10. 1936 Vertrag über die deutsch-italienische Zusammenarbeit: Am 1. Nov. verkündet Mussolini die *Achse Berlin-Rom*.

25. 11. 1936 Der Antikominternpakt Deutschland-Japan sieht eine gemeinsame antisowjetische Politik vor.

12. 3. 1938 Deutsche Truppen marschieren in Österreich ein. Zuvor wurde ein Ultimatum gestellt und der österreichische Bundeskanzler Schuschnigg zum Rücktritt gezwungen.

13. 3. 1938 Anschluss Österreichs an das Reich. Jubelnder Empfang für die deutschen Truppen

30. 9. 1938 ***Münchener Abkommen:*** Hitler, ***Mussolini, Chamberlain*** und ***Daladier*** beschließen die Abtretung des Sudetengebiets der Tschechoslowakei an Deutschland zum 1. 10.

Appeasement-Politik

Die ***Appeasement-Politik*** war der Versuch der britischen Regierung unter Premierminister Chamberlain, den Frieden durch internationale Entspannung zu stabilisieren und Hitler in ein Sicherheitssystem einzubinden. Daher war die britische Regierung auch auf der Konferenz von München bereit, Hitler gegenüber Zugeständnisse zu machen. Innerhalb der britischen Bevölkerung fand die Appeasement-Politik starken Rückhalt. Die Kriegsneigung war in der Bevölkerung sehr gering und ein Aufrüstungsprogramm war ihr nicht vermittelbar. Die britisch-französische Garantieerklärung für Polen vom 31. 3. 1939 als Reaktion auf die Errichtung des *Reichsprotektorats Böhmen und Mähren* und die Zerschlagung der Rest-Tschechei bedeutete die Aufgabe der Appeasement-Politik. Im August 1939 wurde ein britisch-polnischer Bündnisvertrag unterzeichnet.

14.–16. 3. 1939 Besetzung Böhmens und Mährens: Schaffung eines *Reichsprotektorats Böhmen und Mähren*

23. 3. 1939 Die Slowakei stellt sich unter den *Schutz* des Deutschen Reiches. Unter politischem Druck gibt Litauen das Memelgebiet an das Deutsche Reich zurück.

Mai 1939 Deutsch-italienisches Militärbündnis *(Stahlpakt)*

23. 8. 1939 Deutsch-sowjetischer Nichtangriffspakt ***(Hitler-Stalin-Pakt).*** In einem geheimen Zusatzprotokoll verständigen sich die beiden Diktatoren über die Abgrenzung ihrer Interessensphären und die Aufteilung Polens.

5 Zweiter Weltkrieg

1. 9. 1939 Überfall auf Polen: Deutschland beginnt ohne Kriegserklärung nach fingierten Grenzzwischenfällen den Krieg.

3. 9. 1939 Britisch-französische Kriegserklärung an das Deutsche Reich

6. 10. 1939 Abschluss der Eroberung Polens: Hitlers Friedensangebot an die Westmächte auf der Basis der neuen Realitäten wird von diesen abgelehnt.

9. 4. 1940 Deutscher Überfall auf Dänemark und Norwegen

10. 5. 1940 Beginn der deutschen Offensive im Westen unter Verletzung der Neutralität der Niederlande, Belgiens und Luxemburgs

10. 6. 1940 Kriegseintritt Italiens auf deutscher Seite. Erweiterung der *Achse Berlin-Rom* zum *Dreimächtepakt* zwischen Deutschland, Italien und Japan am 27. 9.

13. 8. 1940–Mai 1941 Luftschlacht um England

Nov. /Dez. 1940 Nach der italienischen Niederlage im Krieg gegen Griechenland lässt Hitler einen Angriff der Wehrmacht vorbereiten, um eine Front der Allierten auf dem Balkan zu verhindern und den geplanten Krieg gegen die Sowjetunion militärstrategisch zu flankieren.

6. 4. 1941 Deutscher Überfall auf Jugoslawien und Griechenland

22.6.1941 Deutscher Überfall auf die Sowjetunion

11.12. 1941 Nach dem japanischen Überfall auf die US-Flotte in Pearl Harbour (7. 12.) erklärt Hitler den USA den Krieg, ohne Japan gegenüber hierzu vertraglich verpflichtet zu sein.

23.6.1942 Mit der britischen Gegenoffensive und der Landung einer amerikanisch-britischen Invasionsarmee in Marokko und Algerien (7./8.11.) beginnt der deutsch-italienische Rückzug aus Nordafrika (am 13.5.1943 Kapitulation in Tunesien).

22.11. 1942 Die 6. Deutsche Armee (ca. 250 000 Mann) wird in Stalingrad eingeschlossen. Am 2.2.1943 erfolgt die Kapitulation.

18.2.1943 ***Goebbels*** verkündet im Berliner Sportpalast den *totalen Krieg*.

„Totaler Krieg“

Der Begriff ***Totaler Krieg*** wurde von General Ludendorff in der Endphase des Ersten Weltkriegs geprägt und meint die Missachtung der völkerrechtlich bindenden Unterscheidung von Krieg führenden Truppen und nichtkämpfender Bevölkerung, aber auch die Mobilisierung der gesamten Bevölkerung und Wirtschaft für den Krieg. Für die Zeit des Nationalsozialismus umfasst der Begriff darüber hinaus den rassenbiologisch begründeten und bewusst geplanten Terror- und Vernichtungskrieg in Osteuropa, das ↗Euthanasie-Programm, (S. 70) und den ↗Holocaust (S. 75 f.) an den europäischen Juden während des Zweiten Weltkriegs.

13.5.1943 Kapitulation der deutsch-italienischen „Heeresgruppe Afrika“ bei Tunis

10.7.1943 Amerikanische und britische Streitkräfte landen an verschiedenen Stellen Siziliens.

8.9.1943 Waffenstillstand zwischen Italien und den Alliierten

6.6.1944 Beginn der alliierten Invasion an der Atlantikküste in der Normandie

21.10. 1944 Aachen wird als erste deutsche Großstadt von den Amerikanern besetzt.

Die Expansion des Deutschen Reiches, 1935–1943

6 Holocaust

Der Begriff ***Holocaust*** stammt aus dem Griechischen und wurde zunächst von amerikanisch-protestantischen Theologen benutzt. Er bezeichnet ursprünglich ein vollständig vom Feuer verzehrtes Opfer. In der jüdischen Welt wird zur Beschreibung der Vernichtung der Juden im Nationalsozialismus der Begriff *Shoa* gebraucht. Er stammt aus dem Hebräischen und bedeutet Katastrophe.

31. 7. 1941	Im Namen Hitlers beauftragt Göring Heydrich, „unter Beteiligung der dafür in Frage kommenden Zentralinstanzen" alle erforderlichen Vorbereitungen für eine Vernichtung der Juden im deutschen Einflussbereich in Europa zu treffen.
14. 10. 1941	Befehl zur Deportation von Juden aus dem Reichsgebiet (u. a. Berlin) in die Ghettos Kowno, Lodz, Minsk und Riga (Transporte bis Jan. 1942)
20. 1. 1942	***Wannsee-Konferenz:*** Parteifunktionäre und Ministerialbeamte koordinieren unter der Leitung Heydrichs Maßnahmen zur *Endlösung der Judenfrage*.
Ende März 1942	Die ersten Judentransporte aus Westeuropa und dem Reichsgebiet gehen nach Auschwitz.
Juni 1942	Beginn der Massenvergasungen von Juden in Auschwitz-Birkenau

Konzentrationslager/Vernichtungslager

Die Errichtung von ***Konzentrationslagern*** begann 1933 mit dem Einsatz von Einheiten der nationalsozialistischen *Sturmabteilung (SA)* als Hilfspolizisten. In leeren Fabrikhallen und an anderen Orten hielten SA-Einheiten ihre politischen Gegner, ca. 30 000 Kommunisten, Sozialdemokraten, Deutsche jüdischen Glaubens, gefangen und „rechneten mit ihnen ab". Es kam zu bestialischen Misshandlungen. Auf Druck der Öffentlichkeit und der Justiz endete diese Phase im April 1934. Die schwarz gekleidete *Schutzstaffel (SS)* und ihre *Totenkopfverbände* übernahmen die Konzentrationslager. Während des Krieges füllten sich die Konzentrationslager mit Häftlingen aus den von der Wehrmacht besetzten Ländern. Vor allem in Polen wurden weitere Lager eingerichtet. Dort befanden sich auch die ***Vernichtungslager:*** Konzentrationslager, in denen Menschen *industriell* mit Gas ermordet wurden. Während Kinder unter 15 Jahren und arbeitsunfähige Männer und Frauen sofort getötet wurden, wurden die Arbeitsfähigen unter mörderischen Bedingungen so lange zur Arbeit eingesetzt, bis sie zusammenbrachen. Das größte Vernichtungslager war Auschwitz-Birkenau bei Krakau.

19.4.1943	Aufstand im Warschauer Ghetto: Nach der Verschleppung von 300 000 Bewohnern ins Vernichtungslager Treblinka leisten die verbliebenen ca. 60 000 Juden bei der endgültigen Räumung bewaffneten Widerstand. Beim Sturm auf das Ghetto wurden fast alle Juden von SS- und Polizeiverbänden umgebracht.
April–Juni 1944	Massendeportationen griechischer und ungarischer Juden nach Auschwitz. Von 400 000 ungarischen Juden werden in acht Wochen 250 000 vergast.
1.11.1944	***Himmler*** befiehlt, die Vergasungen in Auschwitz zu beenden und die Spuren zu verwischen.
27.1.1945	Auschwitz wird von sowjetischen Truppen befreit. Ungefähr 5 000 Lagerinsassen werden noch vorgefunden.

7 Widerstand

Die Zahl der namentlich bekannten deutschen Widerstandskämpfer beläuft auf sich ca. 7 000. Sie leisteten vor allem Widerstand aus politischer oder religiöser Überzeugung, aus Einsicht in die Verderben bringende Natur des Regimes, aus Entsetzen und Scham über die Verbrechen, die von Staats wegen begangen wurden, aus Anstand und Mitleid mit den Opfern. Ihren Mut und ihren Einsatz bezahlten sie oft mit dem Leben.

Beispiele:

20. Juli

Militärs um Graf ***von Stauffenberg*** versuchten durch einen Putsch die NS-Diktatur zu stürzen. Für den Erfolgsfall standen sie in Verbindung mit Politikern, die das Spektrum von den Konservativen bis zur Sozialdemokratie repräsentierten, die dann in die Regierung eintreten sollten. Hitler überlebte, wenn auch verletzt, das Attentat am 20. 7. 1944. Der Staatsstreich brach daraufhin zusammen.

Weiße Rose
Die Münchener Studenten ***Hans*** und ***Sophie Scholl*** waren an der Universität Mitglieder dieser Gruppe, die mit ihren Flugblättern gegen die Regierung und den Krieg aufriefen. Im Februar 1943 wurden sie verhaftet und hingerichtet.

Rote Kapelle
Über 150 Frauen und Männer rechnet man zu diesem Widerstandsnetz in Deutschland. Bis zu ihrer Aufdeckung im August 1942 versorgten sie die russische Armeeführung mit militärischen Informationen, sammelten Beweismaterial gegen die Verbrechen des NS-Staates und schilderten die Untaten in anonymen Flugschriften.

Kirchlicher Widerstand
Im Sommer 1941 predigte der Bischof von Münster, Graf ***von Galen,*** öffentlich gegen die ↗Euthanasie, S. 70. 1934 bildete sich die evangelische ***Bekennende Kirche,*** die auf Distanz zum NS-Staat ging. Pfarrer Martin ***Niemöller*** wurde wegen seiner kritischen Äußerungen in Predigten und Vorträgen 1937 verhaftet und blieb bis Kriegsende im KZ.

Einzelpersonen
Am 8. 11. 1939 missglückte ein Attentat des Kunstschreiners Johann Georg Elser auf Hitler im Münchener Bürgerbräukeller nur knapp.

8 Kriegsende und Bilanz

25. 4. 1945 Bei Torgau an der Elbe treffen amerikanische und sowjetische Truppen zusammen.
29. 4. 1945 Die deutschen Streitkräfte in Italien kapitulieren.
30. 4. 1945 Hitler begeht Selbstmord im Bunker der Reichskanzlei in Berlin, Goebbels am 1.5. Großadmiral

	Karl ***Dönitz*** wird Hitlers Nachfolger als Staatsoberhaupt.
2. 5. 1945	Die Rote Armee erreicht Berlin.
7./8. 5. 1945	Die Kapitulation der deutschen Wehrmacht wird im US-Hauptquartier in Reims unterzeichnet. Es folgt die Wiederholung der Zeremonie im sowjetischen Hauptquartier in Berlin-Karlshorst.
6./9. 8. 1945	Abwurf von ***Atombomben*** auf die japanischen Städte Hiroshima und Nagasaki durch die USA: Mehr als 200 000 Menschen werden getötet, 100 000 verwundet und Tausende sterben an den Spätfolgen.
2. 9. 1945	Die japanische Armee kapituliert.

Die Schreckensbilanz

Ungefähr 55 Mio. Menschen verloren im Krieg ihr Leben.
Unter den Opfern hatte die Sowjetunion über 20 Mio. Tote zu beklagen; davon über 13 Mio. sowjetischer Soldaten.
In Deutschland starben 5,25 Mio., darunter mehr als eine halbe Mio. Zivilisten im Luftkrieg.
Die Zahl der durch NS-Verbrechen in Europa ums Leben gekommenen Personen wird auf mindestens 13 Mio. geschätzt.
Der Judenvernichtung fielen über 6 Mio. Menschen zum Opfer.
10 bis 12 Mio. ehemalige nach Deutschland verschleppte Kriegsgefangene und Zwangsarbeiter ***(DP = displaced persons)*** waren bei Kriegsende im zerstörten Deutschland unterwegs.
Die Zahl der vertriebenen Deutschen belief sich auf 12 Mio. 2,27 Mio. kamen durch die Folgen von Flucht und Vertreibung ums Leben.

Das historische Erbe

Nach dem Verständnis der Väter des Grundgesetzes hat das Deutsche Reich nicht aufgehört zu existieren, sondern nur einen neuen Namen erhalten: Bundesrepublik Deutschland.
Noch heute streitet man, ob der 8. Mai 1945 als Tag der „Niederlage" oder „Kapitulation" oder als „Tag der Befreiung" gelten soll. Das Schlagwort von der „Stunde Null" beinhaltet allerdings mehr als die Charakterisierung des staatlichen und militärischen Endes. Es kennzeichnet die Infragestellung von bis

dahin weit verbreiteten Einstellungen und Werten und beschreibt zudem die Situation physischer Not bei Kriegsende. Die Bewältigung von Alltagsproblemen und die Überwindung von Kriegsschäden rangierte bald vor der Auseinandersetzung mit Kriegsursachen und Kriegsschuld. Der Versuch einer juristischen Vergangenheitsbewältigung misslang im Wesentlichen (↗Entnazifizierung, S. 91). In dem „Stuttgarter Schuldbekenntnis“ vom Oktober 1945 sprach der Rat der Evangelischen Kirchen Deutschlands von einer kirchlichen Mitschuld. Nur vier von 27 Landeskirchen stellten sich hinter diese Erklärung.

Mit Beginn des ↗Kalten Krieges, S. 84 f., wurden aus ehemaligen Kriegsgegnern Verbündete. In der Bundesrepublik erschien eine Auseinandersetzung mit der Vergangenheit dem Bündnis mit den Alliierten hinderlich, in der DDR ersetzte ein staatlich verordneter „Antifaschismus“ die Vergangenheitsbewältigung.

Rund zwanzig Jahre nach Kriegsende hörten im Auschwitz-Prozess (1963-65) in Frankfurt am Main viele zum ersten Mal in aller Öffentlichkeit und Deutlichkeit was rund zwei Jahrzehnte lang verschwiegen, vergessen oder verdrängt worden war. Seit 1996 ist in Erinnerung an die Befreiung des Vernichtungslagers Auschwitz der 27. Januar offizieller Gedenktag in Deutschland für die Opfer des Holocausts. Die jüngsten Diskussionen um das Holocaust-Denkmal in Berlin, die Debatte über das Goldhagen-Buch und die Kontroverse um die Wehrmachts-Ausstellung belegen, dass die Auseinandersetzung mit der Vergangenheit ein wichtiger Bestandteil der politischen Nachkriegskultur Deutschlands geworden ist.

Ost-West-Konflikt

1950–1953 Korea-Krieg
1955 Warschauer Pakt
1963–1975 Vietnamkrieg
1968 Prage[r] Frühl[ing]
1949 NATO-Gründung
1962 Kuba-Krise

1 Anti-Hitler-Koalition

14. 8. 1941	US-Präsident ***Roosevelt*** und der britische Premierminister ***Churchill*** verkünden mit der Atlantik-Charta gemeinsame Friedensziele: Selbstbestimmungsrecht der Völker, freier Welthandel, wirtschaftliche Zusammenarbeit, Errichtung eines allgemeinen Sicherheitssystems, Entwaffnung der Angreiferstaaten u. a.
1. 1. 1942	Washington-Pakt: 26 Staaten, darunter die Sowjetunion, bekennen sich zu den Grundsätzen der Atlantik-Charta.
24. 1. 1943	Konferenz von Casablanca: Roosevelt und Chur--chill prägen die Formel von der *bedingungslosen Kapitulation,* zu der Deutschland, Italien und Japan gezwungen werden sollen.
28. 11.– 1. 12. 1943	Konferenz in Teheran: Roosevelt, Stalin und Churchill sind sich grundsätzlich über eine Aufteilung Deutschlands in Besatzungszonen einig.
4.–11. 2. 1945	Alliierte Kriegskonferenz in Jalta/Krim. Stalin, Roosevelt und Churchill vereinbaren in der Deutschlandfrage die Hinzuziehung Frankreichs als vierte Besatzungsmacht mit eigener Zone (zu Lasten der britischen und amerikanischen).
17.7.–2. 8. 1945	***Potsdamer Konferenz:*** Die *Großen Drei* (USA, Sowjetunion und Großbritannien) einigen sich, zu gegebener Zeit eine gesamtdeutsche Zentralverwaltung einzurichten.

1975 KSZE-Konferenz	1979 NATO-Doppelbeschluss	1991 Auflösung des Warschauer Pakts

Die wichtigsten Bestimmungen der Potsdamer Konferenz:

- Grenzregelungen: Übergabe des nördlichen Ostpreußen an die UdSSR, Unterstellung weiterer Gebiete östlich der Oder-Neiße-Linie unter polnische Verwaltung
- Ausweisung (Vertreibung) der deutschen Bevölkerung aus Osteuropa und den deutschen Ostgebieten
- Entschädigungszahlungen, vor allem an die UdSSR
- Verwaltung des besetzten Deutschlands durch den Rat der Außenminister bzw. durch den alliierten Kontrollrat
- Beibehaltung der wirtschaftlichen Einheit Deutschlands
- Völlige Abrüstung und Entmilitarisierung Deutschlands
- ↗Entnazifizierung (S. 91) und Umgestaltung des politischen Lebens in Deutschland auf demokratischer Grundlage

Josef W. Stalin, 1879–1953

Stalin wurde nach der Oktoberrevolution zunächst Volkskommissar für Nationalitätenfragen, ab 1922 war er Generalsekretär des Zentralkomitees. Nach ↗Lenins (S. 47 f.) Tod konzentrierte er alle Macht in seinen Händen. In verschiedenen *Säuberungswellen* stützte sich Stalin auf den Parteiapparat und die Geheimpolizei. Vermeintliche oder tatsächliche Gegner wurden verhaftet, es folgten Schauprozesse, Verschleppungen in Arbeitslager und Massenerschießungen. Zwischen 1936 und 1952 sind etwa 12 Mio. Menschen in sowjetischen Arbeits- und Strafgefangenenlagern umgekommen.
In der Außenpolitik gelang es Stalin, die Isolation der Sowjetunion zu überwinden. 1934 wurde die UdSSR Mitglied im Völ-

kerbund, 1939 schloss er mit Hitler einen Nichtangriffspakt (↗Hitler-Stalin-Pakt, S. 72). Er ignorierte die Warnungen vor einem drohenden Überfall Deutschlands. Um den Machtbereich und seine Interessen zu sichern, warf er in den Verhandlungen auf den Kriegskonferenzen mit Roosevelt und Churchill (↗Anti-Hitler-Koalition, S. 80 f.) die Lasten der Sowjetunion im Landkrieg als politisches Argument in die Waagschale. Nach dem Krieg wurde das stalinistische System (Stalinismus, S. 82) auf Osteuropa ausgeweitet. 1952 schlug er den Westmächten einen Friedensvertrag mit Deutschland vor (↗Stalin-Note, S. 98). Auf der Basis eines neutralen Deutschlands sollte die Wiedervereinigung stattfinden. Nach seinem Tod erfolgte eine Abkehr von seiner Herrschaftsweise ***(Entstalinisierung).***

Stalinismus

Die Kommunistische Partei der Sowjetunion (KPdSU) verkörperte die Diktatur Stalins. Die Volksvertretungen (↗Sowjets, S. 48) wurden nicht von der Bevölkerung gewählt, sondern von der Partei eingesetzt. Diese beherrschte ebenso die Staatsverwaltung, die Justiz und die Massenorganisationen, die straff zentralistisch aufgebaut waren. Zudem besaß die Parteiführung das Monopol der Meinungsbildung und verkündete „ewige Wahrheiten". Den ***Stalinismus*** kennzeichneten ferner das Fehlen jeder politischen Freiheit und Diskussion in Gesellschaft, Staat und Partei, Militarisierung und Reglementierung aller Lebensbereiche sowie die Ausschaltung der Grundrechte der Bürger.

2 Gründung der Vereinten Nationen (UNO)

Aug.–Okt. 1944	Beratungen der Vertreter der USA, Großbritanniens, Chinas und der Sowjetunion über eine Nachfolgeorganisation des Völkerbundes. Der endgültige Beschluss wird auf der Konferenz von Jalta gefasst.
26. 6. 1945	Unterzeichnung der UN-Charta durch 50 Mitgliedsstaaten. Diese tritt am 24. 10. 1945 in Kraft.
18. 9. 1973	Die Bundesrepublik Deutschland und die DDR werden nach Abschluss des ↗Grundlagenvertrages (S. 99) Mitglieder der Vereinten Nationen.

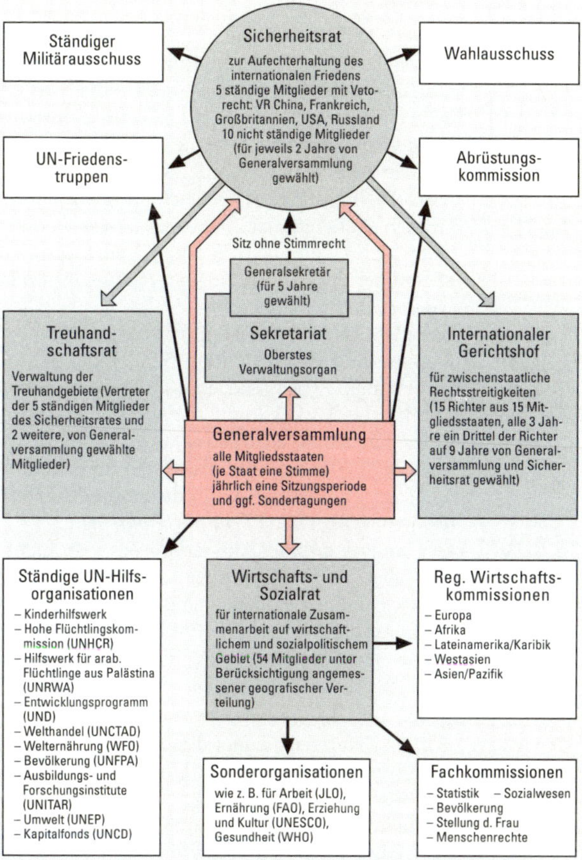

Struktur der UNO

3 Der Weg in den Kalten Krieg

4. 5. 1946 Der US-Militärgouverneur in Deutschland General Lucius D. ***Clay*** ordnet die Einstellung von Reparationsleistungen aus der US-Zone in die Sowjetunion an, weil im Tausch die Lebensmittellieferungen aus der sowjetischen Zone ausgeblieben waren. Die auf der ↗Potsdamer Konferenz (S. 80)vereinbarte wirtschaftliche Einheit Deutschlands wird hinfällig.

Jan. 1947 Der US-Außenminister George C. ***Marshall*** signalisiert den Übergang von einer *Politik der Geduld* gegenüber der UdSSR zu einer *Politik der Eindämmung (Containment).*

12. 3. 1947 Präsident ***Truman*** verlangt vor dem amerikanischen Kongress die Bereitstellung finanzieller Mittel für Griechenland (Bürgerkrieg mit den Kommunisten) und für die Türkei sowie die Entsendung militärischen Fachpersonals. Er erklärt die Unverletzlichkeit der Staaten im Mittleren Osten für unabdingbar und sagt Hilfe der USA „für die in ihrer Freiheit bedrohten Völker" zu ***(Truman-Doktrin).***

6. 6. 1947 Der amerikanische Außenminister verkündet ein europäisches Wiederaufbauprogramm ***(Marshall-Plan).*** Die kommunistisch regierten Länder Osteuropas gründen daraufhin 1949 den Rat für gegenseitige Wirtschaftshilfe ***(RGW).***

Kalter Krieg

Der Begriff ***Kalter Krieg*** bezeichnet die politische Konfrontation von Staaten ohne Waffengewalt. Unterhalb der direkten Kriegsschwelle werden in der Auseinandersetzung diplomatische, wirtschaftliche (z. B. ↗Berlin-Blockade, S. 84) und propagandistische Maßnahmen getroffen.

26. 6. 1948 ***Berlin-Blockade:*** Die Sowjetunion sperrt die Versorgung West-Berlins. Auslöser ist die Währungsreform in Westdeutschland. Bis zum 12. 5. 1949 wird die Stadt mit allem Lebensnotwendigen durch die Alliierten über eine Luftbrücke versorgt.

4.4.1949 Abschluss des Nordatlantikpakts ***NATO*** (North Atlantic Treaty Organization) in Washington. Gründungsmitglieder dieses Militärbündnisses sind: Belgien, Dänemark, Frankreich (Austritt 1966), Großbritannien, Island, Italien, Kanada, Luxemburg, Niederlande, Norwegen, Portugal und die USA. 1955 tritt die Bundesrepublik bei (↗Korea-Krieg, S. 85).

1949 Die Sowjetunion wird Atommacht.

1952 Die USA zünden eine Wasserstoffbombe, die Sowjetunion folgt ein Jahr später.

14.5.1955 ***Warschauer Pakt:*** Im Gegenzug zur Gründung der NATO schließen die UdSSR, Albanien (Austritt 1968), Bulgarien, Polen, Rumänien, CSSR und Ungarn ein Militärbündnis. 1956 tritt die DDR offiziell bei.

4 Zwischen Konfrontation und Kooperation

Beispiel: Korea-Krieg 1950–1953

Korea, von 1910 bis 1945 eine Kolonie Japans, wurde nach der Niederlage Japans im Zweiten Weltkrieg gemäß einer Absprache der Siegermächte USA und UdSSR in zwei Besatzungszonen nördlich und südlich des 38. Breitengrades aufgeteilt. 1950 überschritten die von der Sowjetunion unterstützten Truppen Nordkoreas die Grenzlinie, um das Land unter kommunistischer Herrschaft zu einigen. Die USA griffen in den Konflikt ein. Der Einsatz wurde vom UN-Sicherheitsrat nachträglich gebilligt, wobei die amerikanischen Truppen UN-Status erhielten. Nach der Zurückdrängung Nordkoreas erstarrten die Kampfhandlungen in einem Stellungskrieg. In einem Waffenstillstandsabkommen 1953 wurde erneut eine Grenze festgelegt, die sich am 38. Breitengrad orientierte.

Aus Furcht vor einer ähnlichen Situation in Mitteleuropa erfolgte die Zustimmung der Westmächte zur Wiederaufrüstung der Bundesrepublik und deren Beitritt zur NATO. Dem ging eine internationale Diskussion um den westdeutschen Wehrbeitrag ab 1950 voraus.

1956 Sowjetische Panzerdivisionen schlagen den Volksaufstand in Ungarn nieder.

1957 *Sputnik-Schock:* Der Start des Satelliten *Sputnik* deutet eine Überlegenheit der sowjetischen Raketentechnik an. In der Folge kommt es zu einem verschärften Rüstungswettlauf zwischen den beiden Supermächten.

1961 ***Mauerbau*** in Berlin

1962 ***Kuba-Krise:*** Aufgrund der Errichtung sowjetischer Raketenbasen auf Kuba kommt es zu Spannungen zwischen den USA und der UdSSR, die in einen Weltkrieg zu eskalieren drohen. US-Präsident ***Kennedy*** verhängt eine Seeblockade über Kuba und verlangt ultimativ den Abbau der Raketenanlagen. Die UdSSR lenkt im letzten Moment ein.

1963 USA und Sowjetunion beschließen die Einstellung von Kernwaffenversuchen.

1968 Der Truppeneinmarsch von fünf Warschauer-Pakt-Staaten beendet die Reformbestrebungen ***(Prager Frühling)*** in der ČSSR, die Regierung ***Dubček*** wird gestürzt.

1972 USA und Sowjetunion verkünden eine Begrenzung der strategischen Rüstung (SALT-I-Abkommen).

1963–1975 ***Vietnam-Krieg:*** In dem seit 1954 geteilten Land stellen sich die USA auf die Seite der südvietnamesischen Regierung. Nordvietnam, China und die Sowjetunion unterstützen die südvietnamesische Widerstandsbewegung Vietcong. 1973 ziehen die USA ihre Truppen zurück. Der Einsatz und die Kriegführung werden auch im eigenen Land heftig kritisiert.

1975 Konferenz über Sicherheit und Zusammenarbeit in Europa ***(KSZE)*** in Helsinki: 33 europäische Staaten, die USA und Kanada beschließen *vertrauensbildende Maßnahmen* im militärischen Bereich und die Beachtung der Menschenrechte.

1979–1988 ***Afghanistan-Krieg:*** Die sowjetische Armee marschiert in Afghanistan ein. Die von den Sowjets ein-

	gesetzte afghanische Regierung kann sich gegen die muslimischen Rebellen nicht durchsetzen. Nach dem Truppenabzug der Sowjets geht der Bürgerkrieg weiter.
1979	***NATO-Doppelbeschluss:*** Die NATO-Staaten beschließen, dem Warschauer Pakt Verhandlungen über den Abbau der Mittelstreckenraketen anzubieten. Bei Misserfolg der Verhandlungen soll eine Nachrüstung mit neuen atomaren Waffensystemen (Pershing II, Cruise Missile) vorgenommen werden.
1987	Die USA und die Sowjetunion stimmen überein, die nuklearen Mittelstreckenraketen in Europa zu vernichten.
Nov. 1990	Gipfeltreffen der 34 KSZE-Staaten: Charta von Paris für ein neues Europa
25. 2. 1991	Der Warschauer Pakt löst sich auf (↗Ende der Sowjetunion, S. 87 ff.).

5 Reformpolitik Gorbatschows und Ende der Sowjetunion

März 1985	Michail ***Gorbatschow*** wird zum Generalsekretär der Kommunistischen Partei der Sowjetunion (KPdSU) gewählt.

Glasnost/Perestroika

Beide Begriffe bildeten die zentralen Parolen im Reformprogramm Gorbatschows. Mit ***Glasnost*** wurde eine neue gesellschaftliche Offenheit propagiert. Dazu lockerte die KPdSU 1986 u. a. die Zensur. ***Perestroika*** bedeutet Wandlung. Durch Reformen in Verwaltung und Wirtschaft sollte die allgemeine Krise der Sowjetunion überwunden werden.

Ungewollt leitete Gorbatschow mit seinem Reformprogramm jedoch den Zusammenbruch des Kommunismus ein. Der sowjetische Vielvölkerstaat zerfällt. 1990 erklären sich zuerst Litauen, dann Estland und Lettland für unabhängig. Zwischen 1989 und 1991 verlieren die kommunistischen Parteien in Polen, Ungarn, Tschechoslowakei, Rumänien, Jugoslawien und Bulgarien ihre Alleinherrschaft.

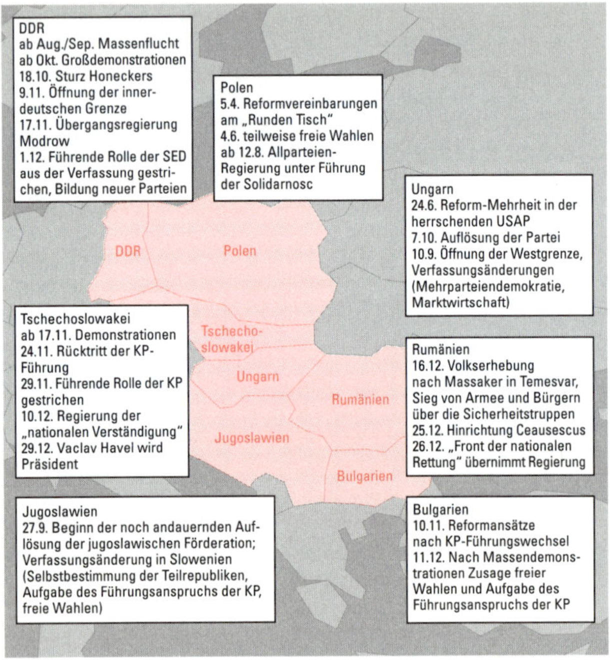

Demokratische Revolution in Osteuropa, 1989

1990	Gorbatschow erhält den Friedensnobelpreis.
Juni 1991	Boris ***Jelzin*** wird Präsident Russlands.
Aug. 1991	Teile der KPdSU versuchen in Moskau zu putschen und zwingen Gorbatschow zum Rücktritt als Generalsekretär.
Dez. 1991	Elf von fünfzehn Teilstaaten schließen sich zur ***Gemeinschaft Unabhängiger Staaten*** (GUS) zusammen und erklären die Sowjetunion offiziell für aufgelöst. Gorbatschow tritt als Staatspräsident der UdSSR zurück.

1993	Ein Putsch kommunistischer Gegner Jelzins wird niedergeschlagen.
1995	Die Postkommunisten erhalten bei den russischen Parlamentswahlen die meisten Stimmen.
1996	Präsident Jelzin wird im zweiten Wahlgang mit klarer Mehrheit vor KP-Chef Sjuganow wiedergewählt.
1998	Jelzin entlässt den jungen Ministerpräsidenten Kirijenko. Mit seinem Vorschlag, dessen Vorgänger Tschernomyrdin erneut zu berufen, scheitert er jedoch in der Duma. Der Machtverfall Jelzins wird immer deutlicher.

Deutschland nach

1946 SED-Gründung	*1949* Staatsgründungen Bundesrepublik Deutschland und DDR	*1961* Berliner Mauerbau	*1966–69* Große Koalition

1 Besatzungsherrschaft und Neuaufbau

Alltagsprobleme

Beispiel: Schwarzmarkt
In den ersten Nachkriegsjahren war die Versorgungslage sehr angespannt. An die Bevölkerung wurden Lebensmittelkarten ausgegeben. Die zugeteilten Nahrungsmittel deckten jedoch nur die Hälfte eines durchschnittlichen täglichen Kalorienbedarfs. Gegen viel Geld, Zigaretten oder im Tausch Ware gegen Ware war es möglich, Butter, Brot, Kartoffeln und andere Lebensmittel auf dem ***Schwarzmarkt*** zu erstehen. Auch so genannte Hamsterfahrten aufs Land wurden unternommen.

11.6.1945 Gründung der Kommunistischen Partei Deutschlands (KPD) in Berlin. Es folgen die Sozialdemokratische Partei Deutschlands (SPD) und die Christlich-Demokratische Union (CDU). Die Liberalen der Westzonen gründen 1948 die überregionale Freie Demokratische Partei (FDP).

ab Juli 1945 Im Zuge der Re-education erfolgen „Reorientierungs-Seminare" für Lehrer. Schulbücher werden aus dem Verkehr gezogen und ersetzt durch zumeist alte aus der Weimarer Republik.

19.9.1945 Bildung der Länder Bayern, Hessen und Württemberg-Baden durch Proklamation der US-Regierung. In der britischen Zone entsteht im November 1946 das Land Niedersachsen.

1974
Brandt
Bundeskanzler

1982
Kohl
Bundeskanzler

1989/90
Maueröffnung,
Vereinigung

1972
Grundlagenvertrag

Entnazifizierung

Ziel der ***Entnazifizierung*** war die Zerstörung aller NS-Organisationen und die Ausschaltung von Nationalsozialisten aus staatlichen, wirtschaftlichen und kulturellen Schlüsselpositionen. Zu diesem Zweck mussten zahlreiche Deutsche Auskunft über ihre Vergangenheit im „Dritten Reich" geben. Die von der Entnazifizierung Betroffenen wurden in fünf Gruppen eingestuft: Hauptschuldige (Kriegsverbrecher), Belastete, Minderbelastete, Mitläufer und Entlastete. In den Westzonen wurden 98% der ca. 6 Mio. Betroffenen als Mitläufer eingestuft. In der sowjetischen Besatzungszone endete die Entnazifizierung 1948. Dort nutzten die Sowjets die Gelegenheit, alle politisch unliebsamen Personen zu entfernen. Im Westen endete das Verfahren 1949/50. Im ↗ „Kalten Krieg", S. 84 f., war die moralische und politische Auseinandersetzung mit der NS-Zeit unerwünscht.

Kriegsverbrecherprozesse

Beispiel: Nürnberger Prozess

Die *Kriegsverbrecherprozesse* waren wie die Entnazifizierung auf der Konferenz von Potsdam beschlossen worden. Das bekannteste Verfahren war der ***Nürnberger Prozess.*** Dort wurden gegen zwölf Hauptschuldige 1946 Todesurteile verhängt. Darunter befanden sich Hermann ***Göring*** und der ehemalige Reichsaußenminister von Ribbentrop. Es schlossen sich zwölf sog. *Nachfolgeprozesse* u. a. gegen Diplomaten, Militärs, Wirtschaftsführer und Juristen an.

2 Entstehung der beiden deutschen Staaten

<table>
<tr><th>Bundesrepublik</th><th>DDR</th></tr>
<tr><td colspan="2">April–Juli 1946 Außenministerkonferenz in Paris: Byrnes (USA) fordert den Zusammenschluss der vier Zonen; Molotow (UdSSR) kritisiert die westliche Besatzungspolitik und wiederholt die Forderung nach 10 Mrd. Dollar Reparationen und Vier-Mächte-Kontrolle des Ruhrgebiets.</td></tr>
<tr><td></td><td>Herbst 1945 Bodenreform: Alle Güter über 100 Hektar werden enteignet.</td></tr>
<tr><td></td><td>1. 7. 1946 KPD und SPD schließen sich unter Druck der Sowjetunion zur SED zusammen.</td></tr>
<tr><td>1. 1. 1947 Die amerikanische und die britische Besatzungszone schließen sich zu einem Wirtschaftsgebiet (Bizone) zusammen.</td><td></td></tr>
<tr><td>20. 6. 1948 Währungsreform in den drei Westzonen.</td><td>22. 6. 1948 Währungsreform in der SBZ.</td></tr>
<tr><td>1948/49 Der Parlamentarische Rat erarbeitet das Grundgesetz.</td><td>Ab Sommer 1948 Umwandlung der SED: Die Parität zwischen Sozialdemokraten und Kommunisten bei der Besetzung der Parteigremien wird aufgehoben.</td></tr>
<tr><td></td><td>22. 10. 1948
Dem Volksrat wird ein Verfassungsentwurf vorgelegt.</td></tr>
<tr><td>8. 4. 1949 Mit dem Beitritt der französischen Zone Erweiterung der Bizone zur Trizone.</td><td></td></tr>
<tr><td>24. 5. 1949 Das Grundgesetz tritt in Kraft.</td><td></td></tr>
<tr><td>14. 8. 1949 Wahlen zum ersten Deutschen Bundestag.</td><td>7. 10. 1949 Die Deutsche Demokratische Republik wird gegründet.</td></tr>
</table>

12.9.1949 Die Bundesversammlung wählt Theodor ***Heuss*** zum Bundespräsidenten.

15.9.1949 Der Bundestag wählt Konrad Adenauer zum Bundeskanzler.

Konrad Adenauer, 1876–1967

Adenauer war Mitglied der katholischen Zentrumspartei und von 1917 bis 1933 Oberbürgermeister von Köln. Nach der nationalsozialistischen Machtübernahme wurde er entlassen und in den letzten Kriegsmonaten zeitweilig von der Gestapo inhaftiert. Nach Kriegsende war er Mitbegründer der CDU. Er übernahm zunächst das Amt des Vorsitzenden der CDU in der britischen Zone, später im Bund. 1948/49 war er Präsident des Parlamentarischen Rats. 1949 wurde er erster Bundeskanzler der Bundesrepublik. Es folgten drei weitere Amtszeiten bis zu seinem Rücktritt 1963. Von 1951 bis 1955 übernahm er zugleich das Außenministeramt. Die Politik der Bundesrepublik prägte er maßgeblich, sodass man von einer *Ära Adenauer* spricht. Sein Ziel war es, die Bundesrepublik eng an den Westen zu binden. Er erreichte die Aussöhnung mit Frankreich, die Aufnahme in die NATO und den Aufbau der Bundeswehr.

Staatliche Souveränität

Die höchste unabhängige Herrschafts- und Entscheidungsgewalt eines Staates wird ***Souveränität*** genannt. Dazu gehört, dass ein Staat seine Verfassung und das Rechtssystem frei und unabhängig gestalten kann sowie die Richtlinien in der Innen- und Außenpolitik selbst bestimmt. Die Bundesrepublik Deutschland erlangte schrittweise ihre volle Souveränität. Das Petersberger Abkommen (1949) regelte den Zugang der Bundesrepublik zu internationalen Organisationen, wie dem Europarat, die Wiederaufnahme der Handels- und diplomatischen Beziehungen zu Staaten des Westens und das Ende der Demontagen in wichtigen Branchen. Die ***Pariser Verträge*** (1954) beendeten das Besatzungsregime in Westdeutschland und schufen somit die Voraussetzungen für einen Beitritt zur NATO. Für Berlin blieben

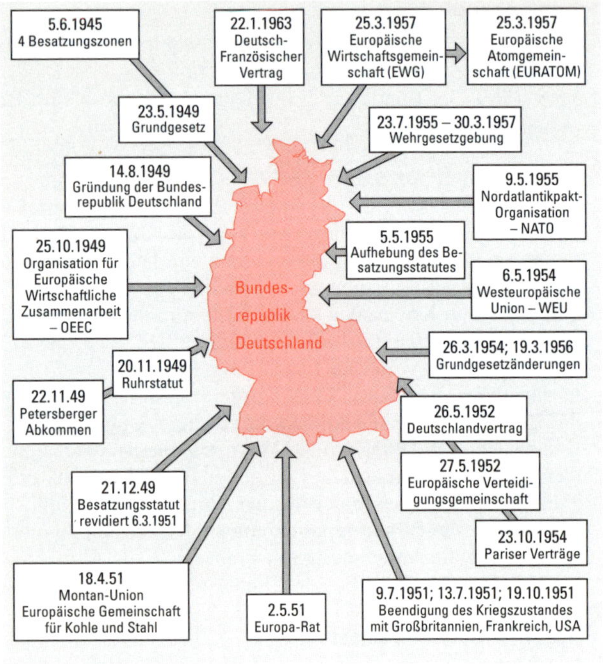

Vom allierten Besatzungsstatut zur Souveränität der Bundesrepublik

weiterhin gewisse Vorbehaltsrechte der Alliierten bis zur Wiedervereinigung auf der Basis des ↗Zwei-plus-Vier-Vertrags (S. 101) 1990 bestehen.

1. 1. 1957	Das Saargebiet wird elftes Bundesland.
1963	Ludwig ***Erhard*** (CDU) löst Adenauer als Bundeskanzler ab.
1966–1969	Große Koalition aus SPD und CDU unter Bundeskanzler Kurt Georg ***Kiesinger*** (CDU)

1967/68 Studentendemonstrationen: Als der Bundestag für die ***Notstandsgesetze*** stimmt, kommt es zu großen Protesten. Vor allem Studenten wehren sich dagegen, dass der Staat im Krisenfall mehr Macht bekommt und Grundrechte eingeschränkt werden können. Auch richteten sich die Proteste der außerparlamentarischen Opposition (APO) gegen den Krieg der USA in Vietnam.

1969 SPD/FDP-Koalition unter Bundeskanzler ***Brandt*** (SPD)

Ostpolitik

Unter der Regierung Brandt geschah eine vorsichtige Öffnung nach Osten der bis dahin ausschließlich nach Westen ausgerichteten Außenpolitik ***(Ostpolitik).*** Die Ergebnisse waren der Moskauer Vertrag (1970), der Warschauer Vertrag (1970) und der ↗Grundlagenvertrag, S. 99, mit der DDR (1972). Durch die Politik eines *Wandels durch Annäherung* wurden die wesentlichen Bausteine einer Entspannungspolitik geschaffen. Die Verträge wurden mit knapper Mehrheit gegen die Stimmen der oppositionellen CDU/CSU verabschiedet.

1974 Willy Brandt übernimmt die politische und persönliche Verantwortung für den Spionagefall Guillaume und tritt als Bundeskanzler zurück. Helmut ***Schmidt*** (SPD) wird sein Nachfolger.

1980 Gründung der Partei ***Die Grünen***

1982 Regierungswechsel: Die christlich-liberale Koalition unter Helmut ***Kohl*** löst Bundeskanzler Schmidt ab.

Ökologiebewegung/Friedensbewegung

Ende der 70er-Jahre entstanden Bürgerinitiativen, die sich verstärkt um die Belange des Umweltschutzes kümmerten. Die Gefahren der Atomenergie, die Schädigungen der Luft, des Wassers und des Bodens und das rasch fortschreitende Waldsterben waren Themen, die auf einmal von einer breiten Öffentlichkeit registriert wurden. Die Gründung der Partei der Grünen resul-

tierte aus dem Bestreben, die Erhaltung der natürlichen Lebensgrundlagen der Menschen zu einem vorrangigen politischen Thema zu machen.
Als Reaktion auf den ↗NATO-Doppelbeschluss, S. 87, formierte sich Anfang der 80er-Jahre in der Bevölkerung in den westlichen Staaten eine politische Massenbewegung, die auf Friedenssicherung durch Rüstungskontrolle und Abrüstung drängte. An den großen Demonstrationen (1981–1983) in Bonn nahmen mehrere hunderttausend Menschen teil.

4 Deutsche Demokratische Republik

25. 7. 1950 Das Zentralkomitee der SED wählt Walter ***Ulbricht*** zum Generalsekretär der Partei.

SED (Sozialistische Einheitspartei Deutschlands)

Die Gründung der ***SED*** geht auf den Zusammenschluss von KPD und SPD in Berlin im April 1946 zurück. Die neue Partei war auf Betreiben der Kommunisten und mit Unterstützung der Militärverwaltung in der sowjetischen Zone zu Stande gekommen. Bald setzten sich die Kommunisten durch und die Partei durchlief den Prozess der ↗Stalinisierung, S. 82. In der DDR war die SED die Staatspartei, die das politische und gesellschaftliche Leben dominierte. Alle wichtigen Entscheidungen fielen in den SED-Gremien, vornehmlich im Politbüro. Die Partei führte den Staatsapparat und die Justiz, plante, lenkte und überwachte die gesamte Wirtschaft. Im 20-köpfigen Politbüro war der Generalsekretär die starke Person.

17. 6. 1953 Der Volksaufstand in Ost-Berlin und der DDR wird von der Sowjetarmee niedergeschlagen. Zuvor war es zu Protesten gegen die Heraufsetzung der Arbeitsnormen gekommen, ↗Planwirtschaft, S. 96 f.

Planwirtschaft

Damit bezeichnet man ein Wirtschaftssystem, in dem eine zentrale Behörde Pläne für die Volkswirtschaft aufstellt, ihre Durchführung anordnet und deren Erfüllung kontrolliert. In den so-

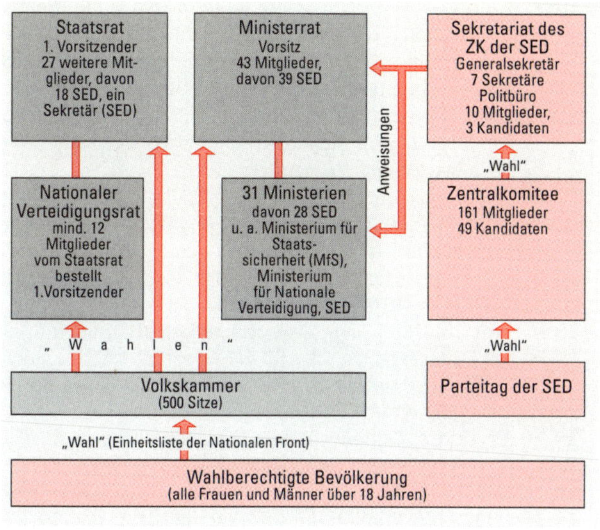

Staatsorgane der DDR

zialistischen Staaten erfolgten die Vorgaben zumeist in 5-Jahres-Plänen. Dieses Prinzip der ***Planwirtschaft*** wurde in der DDR im Laufe der Jahre aufgeweicht, da es oft Schwierigkeiten in der Praxis gab.

1955	Die DDR wird Gründungsmitglied der Warschauer-Pakt-Organisation, dem militärischen Gegenbündnis zur NATO.
20. 9. 1955	Die DDR wird souverän, auch in ihren Beziehungen zur Bundesrepublik, und erhält die Kontrolle über Land- und Wasserwege nach Westberlin – abgesehen vom Verkehr der drei Westmächte.
1956	Gründung der Nationalen Volksarmee (NVA)
13. 8. 1961	Berliner Mauerbau

1963	Das *Neue Ökonomische System* soll die Planwirtschaft verbessern. Die volkseigenen Betriebe (VEB) dürfen über einen Teil ihrer Gewinne selbst verfügen. Diese Reform verfehlt aber ihre Wirkung.
3.5.1971	Ulbricht wird aus *Altersgründen* von der Funktion des Ersten Staatssekretärs entbunden. Nachfolger wird ***Erich Honecker.***
1971–1989	Ära Honecker
Anfang Juli 1989	Fluchtwelle aus der DDR über westliche Botschaften in Budapest, Warschau und Prag.
10.9.1989	Ungarn öffnet seine Westgrenze für DDR-Bürger, etwa 50 000 überqueren sie.
25.9.1989	Tausende demonstrieren in Leipzig. In den folgenden Wochen schwillt die Anzahl der Teilnehmer an den ***Montagsdemonstrationen*** auf über 200 000 an.
18.10.1989	SED-Generalsekretär Honecker tritt zurück, Nachfolger wird Egon Krenz.
13.11.1989	Hans Modrow wird Ministerpräsident der DDR.
18.3.1990	Freie Wahlen zur Volkskammer, Sieg der Ost-CDU
12.4.1990	Lothar de Maizière (CDU) bildet eine Koalitionsregierung und erklärt sein Einverständnis zum Beitritt der DDR zur Bundesrepublik nach Artikel 23 des Grundgesetzes.

5 Wiedergewinnung der deutschen Einheit

Stalin-Note

Im März 1952 schlug Stalin die Bildung einer gesamtdeutschen Regierung vor, die an der Vorbereitung eines Friedensvertrages mit Deutschland beteiligt sein und sich international neutral verhalten sollte. Die ***Stalin-Note*** kam zwei Monate vor dem vorgesehenen Unterzeichnungstermin für die Europäische Verteidigungsgemeinschaft (EVG). Bundeskanzler Adenauer weigerte sich auf die Vorschläge der Note einzugehen, da er sie für ein taktisches Manöver hielt. Die SPD-Opposition plädierte für ein Ausloten der Möglichkeiten, konnte sich aber damit nicht durchsetzen.

Der Kampf um das Alleinvertretungsrecht

Beispiel: Hallstein-Doktrin

Im Kampf um das Alleinvertretungsrecht aller Deutschen drohte die Bundesrepublik allen Ländern, außer der UdSSR, mit dem Abbruch der diplomatischen Beziehungen, wenn diese die DDR international anerkennen würden. Diese von dem Staatssekretär im Auswärtigen Amt, Hallstein, formulierte Leitlinie, die ***Hallstein-Doktrin,*** wurde zweimal angewandt: 1957 gegen Jugoslawien, 1963 gegen Kuba. Im Zuge der ↗Ostpolitik (S. 95) wurde diese stumpfe diplomatische Waffe aufgegeben.

Feb. 1967	Ulbricht-Doktrin: Die Außenminister des Warschauer Pakts einigen sich: Kein Pakt-Mitglied soll vor der DDR sein Verhältnis zur Bundesrepublik normalisieren.
13. 6. 1967	Bundeskanzler ***Kiesinger*** beantwortet als erster Bundeskanzler einen Brief des DDR-Ministerpräsidenten.
3. 9. 1971	Das ***Vier-Mächte-Abkommen*** bestätigt die Verantwortlichkeiten und Rechte der vier Alliierten unter Wahrung ihrer unterschiedlichen Machtpositionen und legt fest, dass die bestehende Lage nicht einseitig verändert werden solle.
17. 12. 1971	Unterzeichnung des Transit-Abkommens (Berlin-Abkommen), die deutsch-deutsche Ergänzung zum Vier-Mächte-Abkommen. Regelung des Reise- und Besuchsverkehr von West-Berlin nach Ost-Berlin und in die DDR
21. 12. 1972	Unterzeichnung des ***Grundlagenvertrags*** (↗Ostpolitik, S. 95). Einrichtung von Ständigen Vertretungen in Bonn und Ost-Berlin sowie Reiseerleichterungen zwischen beiden deutschen Staaten
9. 11. 1989	Öffnung der Berliner Mauer und der Grenze zwischen Bundesrepublik und DDR
19. 12. 1989	Bundeskanzler Kohl verabredet mit Ministerpräsident Modrow eine Vertragsgemeinschaft. Diese beinhaltet u. a. die Öffnung des Brandenburger Tors für Fußgänger, Reiserleichterungen und den Weg-

fall des Zwangsumtauschs sowie Amnestie für politische Gefangene.

10./11. 2. 1990 Bundeskanzler Kohl und Außenminister ***Genscher*** erhalten in Moskau Gorbatschows Einverständnis zur Vereinigung der beiden deutschen Staaten.

12.–14. 2. 1990 Gemeinsame Konferenz der Außenminister der NATO- und Warschauer-Pakt-Staaten in Ottawa. Einigung über die Form Zwei-plus-Vier: Die zwei deutschen Staaten und die vier Mächte (USA, Sowjetunion, Frankreich, Großbritannien) verhandeln über die außenpolitische Seite der deutschen Vereinigung.

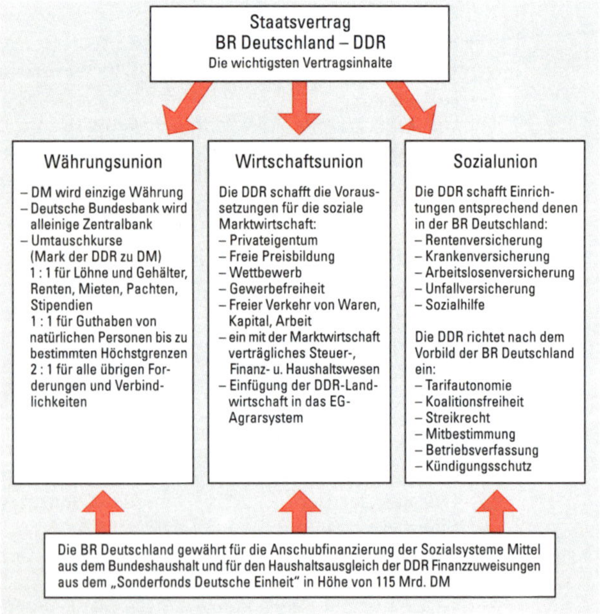

Staatsvertrag BR Deutschland – DDR

11./12. 9. 1990	Vierte und abschließende Zwei-plus-Vier-Verhandlung in Moskau, danach Unterzeichnung der Vereinbarungen

Die wichtigsten Inhalte des ***Zwei-plus-Vier-Vertrags:***

- Festlegung der Grenzen. Keine Gebietsansprüche Deutschlands gegen andere Staaten
- Beschränkung der deutschen Streitkräfte auf 370 000 Mann
- Abzug der sowjetischen Truppen aus der DDR und Ost-Berlin bis Ende 1994
- Aufhebung der Vier-Mächte-Rechte über Deutschland
- Volle Souveränität des vereinten Deutschlands

1. 7. 1990	Bestimmungen des Staatsvertrages zur Währungs-, Wirtschafts- und Sozialunion zwischen der Bundesrepublik Deutschland und der DDR
3. 10. 1990	Vereinigung Deutschlands durch den Beitritt der DDR zur Bundesrepublik
2. 12. 1990	Erste gesamtdeutsche Bundestagswahlen, Bestätigung der christdemokratisch-liberalen Koalition

Europäische Integration

1949 Gründung des Europarats

1951 Gründung EGKS

1957 Römische Verträge

1967 Verschmelzung zur EG

1929	Der französische Premierminister Aristide ***Briand*** macht vor der Versammlung des Völkerbundes den Vorschlag, Europa zu vereinen.
19.9.1946	Winston Churchill verlangt in Zürich die Gründung der Vereinigten Staaten von Europa.
8.–10.5. 1948	Der Koordinierungsausschuss für die europäische Einheit beruft den Kongress von Den Haag ein. In seiner Resolution fordert der Kongress ein geeintes demokratisches Europa und die Schaffung des ***Europarates.***
5.5.1949	In London wird der Europarat mit Sitz in Straßburg gegründet.
9.5.1950	Der französische Außenminister Robert ***Schuman*** schlägt die Gründung der Europäischen Gemeinschaft für Kohle und Stahl (EGKS, ***Montanunion***) vor.
18.4.1951	Unterzeichnung des Vertrages zur Gründung der EGKS (Pariser Vertrag) zwischen Belgien, der Bundesrepublik Deutschland, Frankreich, Italien, Luxemburg und den Niederlanden (die *Sechs*).

Die Europäische Wirtschaftsgemeinschaft (EWG),
Europäische Gemeinschaft (EG)

Die ***EWG*** kann man als Verläufer der Europäischen Union bezeichnen. In den Römischen Verträgen von 1957 einigten sich die Benelux-Staaten, Italien, Frankreich und die Bundesrepublik auf die Errichtung eines gemeinsamen Marktes. 1965 wur-

1979
Erste Wahl
zum Europäischen
Parlament

1999
Einführung des Euro

1995
Schengener Abkommen

1992
Maastricher Vetrag

den die drei Organisationen EWG, EGKS und die Europäische Atomgemeinschaft (EURATOM) unter einem Dach vereint. Die Bezeichnung ***Europäische Gemeinschaft (EG)*** wurde zum Sammelbegriff für alle drei Gemeinschaften, die 1967 mit Jean ***Rey*** den ersten Kommissionspräsidenten erhielten.

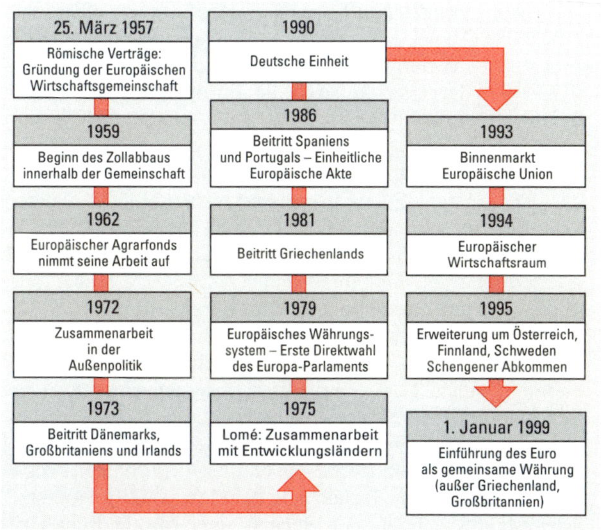

Etappen der Europäischen Einigung

Dez. 1969	Die Staats- und Regierungschefs der EG treffen sich in Den Haag. Die Themen sind Vollendung des Binnenmarktes, Vertiefung der Integration und Erweiterung der EG. Sie fassen einen Beschluss zur beschleunigten Integration, zur stufenweisen Einführung der Wirtschafts- und Währungsunion (WWU) bis 1980 und zur politischen Zusammenarbeit.
Juli 1978	Der Europäische Rat beschließt in Bremen die Schaffung des Europäischen Währungssystems und der Europäischen Währungseinheit.
1979	Das ***Europäische Währungssystem (EWS)*** verbindet die europäischen Währungen untereinander.
14. 2. 1984	Der Entwurf eines Vertrages zur Gründung der Europäischen Union wird vom Europäischen Parlament angenommen.
7. 2. 1992	Der Vertrag über eine stärkere Integration der ***Europäischen Gemeinschaft (EU),*** der eine gemeinsame, einheitliche europäische Währung vorsieht, wird in Maastricht unterzeichnet.
1. 11. 1993	Der Vertrag über die Europäische Union tritt in Kraft.

Europäische Union (EU)

Die Bezeichnung EG – Europäische Gemeinschaft – wurde mit dem ***Vertrag von Maastricht*** durch EU abgelöst. Dieser sieht die EU auf drei Säulen stehen: den bestehenden Europäischen Gemeinschaften, der gemeinsamen Außen- und Sicherheitspolitik sowie der Zusammenarbeit im Bereich Inneres und Justiz. Für die Zukunft gilt es, die Fragen nach der Erweiterung (Integration der mittel- und osteuropäischen Länder) und der Vertiefung (Welche Souveräntitätsrechte der einzelnen Staaten gehen auf die EU über?) zu klären.

Erste Schritte zur Öffnung nach Ostmitteleuropa sind bereits getan: Mit den Assoziierungsabkommen („Europaabkommen") sind Polen, Ungarn, Tschechien, die Slowakei, Rumänien, Bulgarien und die baltischen Staaten einer Mitgliedschaft näher gerückt.

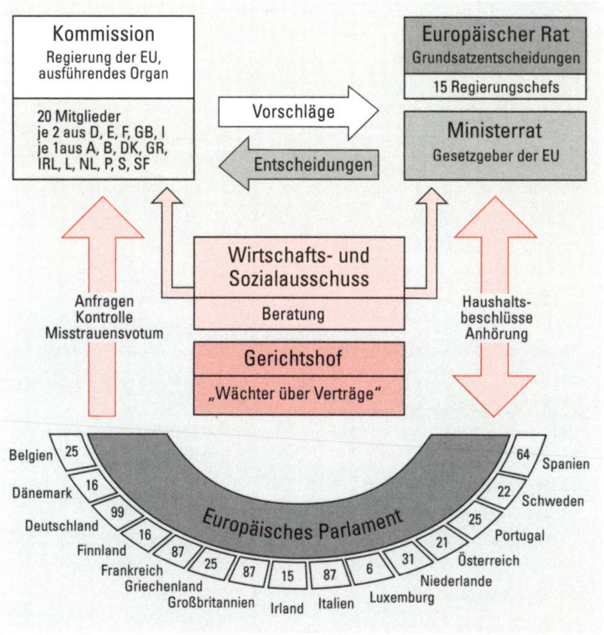

Die Organe der Europäischen Union

26. 3. 1995 Mit dem ***Schengener Abkommen*** werden zwischen Deutschland, den Benelux-Staaten, Frankreich, Spanien und Portugal keine Personenkontrollen mehr durchgeführt.

1. 1. 1999 In allen EU-Ländern, außer Griechenland und Großbritannien, wird eine gemeinsame Währung (Euro) eingeführt.

Register